JN303019

考える人・鶴見俊輔

黒川創 Kurokawa So
加藤典洋 Kato Norihiro

◉目次

行動する人・鶴見俊輔

黒川　創

原発反対デモで思い出すこと

一人デモというものが韓国で流行っているそうです。一人でデモをするんですね。韓国では、二人以上で街頭で抗議行動をしたりするには、デモの届け出が必要らしいんです。それを理由に、官庁街などでは実質的には抗議行動が許可されにくいようになっている。そこで、「二人以上」じゃなかったらいいんだろうということで、一人でデモをやる人がこの頃は多いらしいんです。

有名な映画俳優も、国産の映画産業への助成を打ち切るのはやめろとか、そういうデモを一人でやる。もっと政治的な主張を訴える人もいるし、役所の処置に対する個人的な不満を訴える人もいるようです。プラカードを掲げて、一人で歩く。すると、蟻がたかるようにその周囲をおまわりさんたちが取り巻いて、いっしょに歩いていく。だから、彼らの真ん中に、プラカードだけが突き出して見える。あるいは、おまわりさんに守られてプラカードが歩いているように見えるかもしれません。そういうことをソウルの官庁街のあちこちでやっているそうなんです。

僕はいま鎌倉に住んでいて、東京まで出ていく用事はあまりないんです。だけど、今年（二〇一二年）の春、日本の総理大臣は、福井県の大飯原発の再稼働を「私が責任をもってやる」と言いましたね。原子力行政担当の大臣は、四十歳くらいの若い人でしたが、「自分は若いからあと三十年先の廃炉までちゃんと生きていますから、信用してお任せください」というようなことを言いました。無責任なことを平気で言う人たちだなあと、あきれました。何万年、何十万年と影響が続く放射能の事故の取りようがないじゃないですか。細野さんという若い大臣が七十歳まで生きるつもりでおいでになるのは結構なんだけれども、それまで三十年間、ずっと原発担当の大臣をやっているわけにはいかないでしょう。こういうふざけた言い方が、これからの世代を損なっていくのだと思います。これでは、自分より若い人たちに、申し訳が立たないように思えてきたんです。

だから、ちょうど都内で座談会に出る用事があったので、せめて、帰りに一人デモの真似ぐらいはしてこようと思ったんです。といっても、そういうとき、どこに行ったらいいかわからない。プラカードを用意していく度胸もないのですけど。とりあえず、首相官邸前にでも行くかな、と。それが四月の初めでした。結局、編集者と物書き一人も付きあってくれて、三人で行ったんです。すると、思いがけなく、すでに二〇〇人くらいがぱらぱらと集まって、口々にシュプレヒコールをしたり、アピールしたり、抗議行動みたいなことをしていました。ちゃんとプラカードみたいなのを用意している人もいた。そういう行動を呼びかけることは、どこかでおこなわれてもいたのかもしれません。でも、僕みたいに、ただ、ばらばらな自発性から、その場にいた人もいたんじゃないでしょうか。今度の原発に対する反対運動は、そういう要素が強いんじゃないかという気がします。

その後しばらく忙しく、次に東京まで行けたのは六月十五日でした。夜八時近かったんですけれども、ずっと人は増えていた。首相官邸前から数百メートル、人の群れがぎっしり続いてて、国会の南通用門の前まで延びていました。そこは衆議院への出入口なんです。乳母車押した若いお母さんとか、女の人が多く、おまわりさんの対応もそれほど厳しくない感じでした。主催者の若者が「きょうは初めて参加者が一万人を越えました。一万一〇〇〇人です」と告げていました。

ちょうど五十二年前の同じ日、一九六〇年六月十五日は、日米安保条約改定に反対するデモ隊が国会を取り巻いて、この国会南通用門から、全学連の学生たちが構内に突入したんですよね。警官たちは乱暴で、そのなかで、樺美智子さんという女子学生が亡くなった。この時には、鶴見俊輔さんも、デモ参加者として、わりあい近くにいたわけです。「声なき声の会」という無党派の人たちで提灯デモをしようという計画だったんだけれども、提灯を忘れて日比谷公園まで取りに行ったりして、この現場から数百メートルくらいのところをうろうろしていたらしい。

けれども、五十二年後の今日、原発の再稼働に反対してここに集まってくる若いお母さんたちは、きっと、そういうことは知らない。そこに、この運動の新しさもあるように感じます。ごく普通にそれぞれの暮らしを営んできた人たちが、このままじゃ具合が悪いと思って集まった。じつは、六〇年安保も、そのように始まって、だからこそ、あれだけ大きな抗議運動になっていたわけですが。

僕自身は、それから毎週金曜、首相官邸前の抗議行動に通いましたが、しばらくすると、参加者の数はだんだん減ってきた。若いお母さんらが、毎週毎週ここに通っていられるわけじゃない。だけど、一方、六十歳を過ぎた、おじいちゃん、おばあちゃんの世代にあたるような人たちがどんどん増えて、今はそういう人たちが多いですね。若い人たちが交通整理したりして、こういう運動を平和裏に支えてきたことへの応援というか、支持表明みたいな気持ちがあるんじゃないでしょうか。寒くなってきても、その人たちの数はあまり減らない。つまり、この高齢層の人たちが、運動を、そして、若い母親や赤ん坊たちの安全を守っているとも言えるでしょう。

そういう世代と世代をつなぐ受け渡しの流儀、それは、鶴見さんたちがやってきたことにも重なるように思います。

核にまつわる記憶

たまたま、僕の誕生日は、一九六一年六月十五日で、樺美智子さんの一周忌の日に生まれたんです。自分の記憶をたどると、子どものころ、京都の田舎育ちの祖母から、なにかにつけて、「雨が降るなか、外で遊んだらあかん。雨に濡れたら、放射能で頭が禿げる」と、しきりに言われていました。成人して、祖母はどうしてあんなことを言ってたんだろうと考えると、やっぱり、広島・長崎の原爆のことだったんだろうな、と思ったわけです。

ですが、中年に至って、さらによく考えると、ぼくが生まれた年は、ビキニ環礁での米軍による水爆実験で第五福竜丸が被爆して、それから七年しか経っていない時期ですよね。あ、そうか、と。当時の新聞などをめくっていくと、第五福竜丸の被爆のしばらくあと、日本でも高線量の放射能雨が降っていると、すごい騒ぎになっているんです。第五福竜丸の事件は一九五四年三月一日ですけど、そのひと月後あたりから、日本の各地で放射能を含む雨が観測されていて、僕が育った京都でも、たいへん高い濃度の雨が降ったという報道がありました。つまり、去年（二〇一一年）の日本で起こったことと、その点では同じなんです。だから、これは、必ずしも未曾有の事態というべきものではない。前にも自分たちの社会が経験したことを、そこで食い止めきれずにずるずると来て、いっそう大きな被害を引き起こしてしまったという側面がある。そういうことにだんだん自分が気づいていくにも、生まれてから何十年という時間を要したということです。

数ヶ月前に、『いつか、この世界で起こっていたこと』（新潮社）という、この核の時代をモチーフにした連作短篇小説集を出しました。そうした作品を書くときにも、やはり、自分のなかに埋もれてしまっている時間を掘り起こしていく作業になります。

でも、こういう作品は、あまり多くの読者は得られないようです。というのは、僕自身にも心当たりはあるのですけど、やはり、反原発のデモに一生懸命行ったりしている人たちには、こういう小説をゆっくり読んでたりするような暇はないわけです。小説を読むというのは、時間を食っちゃいますからね。運動をするのは、どうしたって、つかれる。「疲労する」ほうの疲れると、このことでいっぱいいっぱいになる「取り憑かれる」ほうの憑かれる、この二つの「つかれる」がありますから、小説なんか読んでられないというのは、どうしたってある。

ただ、僕自身の経験からいうと、たとえ三回デモに行きたいところを二回に減らしたりしながらでも、そのようにしてひとりきりで過ごす時間を持つことには、意味がある。抗議に行く時間を「昼の時間」だとしたら、それと対照的な「夜の時間」、つまり、こういう運動を続けていくことにどんな意味があるんだろうかとか、なんでこういうところに生まれて生きてるんだろう、とか、自分一人で、つらつら考えたりする時間を持つことというのは、はやり必要なのです。小説を一人きりで読んだりする時間も、やはりこの「夜の時間」に属している。

そういうものと向き合う時間も持たないと、社会的な不公正に抗議する気持ちも支えきれない。というか、それが、さらに豊かなものへとつながっていかないような気がする。そうやって「昼の時間」にやることと「夜の時間」に考えること、それは共に必要だということです。

「昼の時間」と「夜の時間」

なんでこんなことを言うかというと、鶴見俊輔さんは、やっぱり、「昼の時間」と「夜の時間」、この両方を抱き合わせで生きた人だと思うからです。

ベトナム戦争で、米軍による北ベトナムの爆撃が始まるのが一九六五年です。その時は沖縄の嘉手納基地などから飛行機が行って爆撃するわけで、日本は露骨に日米安保のもとでの後方基地に組み込まれます。その時に鶴見さんは、作家の小田実《まこと》さん、政治学者の高畠通敏さんらと、べ平連、「ベトナムに平和を！　市民連合」を作って戦争反対の行動を始めたわけです。横須賀の米海軍のゲート前で若い仲間たちがチラシをまいて、「脱走してきなさい」と呼びかけをしたり。そして、脱走してきたら援助する。初めのうちは、こんなことで米軍の兵士たちがほんとに脱走してくるかなあ、と、自分たちでも半信半疑でやっていた。でも、横須賀に寄港中の空母イントレピッドから、水兵が四人脱走してきたことに始まって、どんどん脱走してくる米軍の若者たちが増えてきた。そういう脱走兵の援助を、鶴見さんたちは日本で始めたんですね。脱走兵を日本人が自宅に匿おうとしたら、家族中の協力がなければ、できません。そんな家庭が、お互いに顔も名前も知らないまま、日本中にいっぱいあったわけです。いろんな家庭で、そういう人たちを秘密裏に預って、転々と身柄を移しながら、最後はヨーロッパに脱出させたりしていた。

当時、鶴見さんは同志社大学の教師です。教師の身分でそういうことをやるのは、それはそれで大変ですよね。自分の学生を逮捕に追い込むかもしれないし、人前で立派な演説もしなきゃならない。でも、そんな偉そうなことを自分は言ってられるかな、自分はそういう人間かなと、自分の正義の言葉に酔っぱらっていくのもいやな感じがするものでしょう。そんな自分への疑いも当然人間として生じてくる。つまり、ベトナム戦争反対というチラシも書いたろうし、脱走兵援助を呼びかけることもしてるんですが、やっぱり「夜の時間」に属するところでは、そういう自分への疑いをさしはさむ原稿も鶴見さんは同じ時期に書いているんですよね。

一つは、きょうの加藤典洋さんのレジュメにもちょっと出てきますけれども、「退行計画」という文章です。一九六八年、まさにベトナム戦争の真っただ中で書いています。もともと、これは〈私の本〉と題された四部作の構想の最後に位置するものです。

まず戦後すぐの頃、時間をかけて、「かるた」という原稿を書いた。子どもの頃、右を向いて寝たはずなのに、目覚めた時にどちらを向いていたか、毎日、午後になると、それさえよく覚えてない、とか。つまり、鶴見さんにとっての哲学の根は、そういう子どもの時の疑問にあるんだと思います。

それは、ずっと解けないままで、自分のなかに痕跡を残している。これが、子どものなかにある、哲学のかるたをなしている。

続いて、少年期、米国留学当初の思索をたどったらしい「苔のある日記」、さらに、それに続いて、戦時下への回想「戦争のくれた字引き」。鶴見さんが戦地に海軍軍属として送られた時期、勤務地はジャカルタやシンガポールですが、そこで空襲にもあっているし、ときには上官らが現地の女性たちと関係をもつことを職務として手伝ったりもしている。そういう自分の嫌な感じも含めて、記憶をさかのぼりながら、いろいろ書いています。そのなかで、日本軍が中立国の人間をこっそり捕らえて、殺害してしまう事件なども起きる。つまり、そこにいた鶴見さんにとって、これは、上からの命令次第では、自分も人を殺さねばならなくなったかもしれない、という問題を含むんです。

こうした三つの連作のあと、最後に書くのが「退行計画」。鶴見さんは四十六歳です。自分がどうやって老いぼれていくか、もうろくしていくかということも考えに入れておきたい、というようなところもある。自分という存在は、いつかほころびてくるだろう、ということですね。そのとき、自分のなかに書き貯めてきた「かるた」の束をパーっと海にでも撒くというところで連作を終ろうと思っていたけど、こうやって二十年かかって書いてきてみると、これはそんなにでき過ぎたものじゃないんじゃないかと、思い直す。むしろ、自分を棺桶として考えると、いつしか、外の土と自分の死骸とはそんなに変わらないものになってるんじゃないか、とか。そういうことを書いています。

そういうなんでもないもの、どうしようもないものの中で我々は生きている。自分の生きる日本という社会が、たったいま同じ時間を生きているベトナムの人たちを殺しているのに加担する、それに反対したいと思うのも人間としての事実です。でも、そのどちらか一つだけではないわけですね。子どものころに聴いた虻の羽音の気配も、人を殺したくないという感情と同じくらいの大事さを帯びて、自分のなかにある。

「昼の時間」と「夜の時間」は、そうやって抱き合わせになっています。そうでしか生きられない。昼間に何かご立派なことを言っている自分の毒消しに、夜にはそういうことへの懐疑を書いているというところもあるでしょう。ただし、若い頃はデモにも行ったものだけれども、もっと立派な文芸作品を書くために、これからは「夜の時間」だけにするわ、というふうになるのが普通の大人だけれども、鶴見さんは、そうではありません。「昼の時間」だけで生きるのはごめんだと思ってはいる。けれども、やっぱり「昼の時間」を持続するためにこそ、「夜の時間」をこの人は持っていた。最後のひと息まで世の中への働きかけは続けたい人なんだなと、最近、改めて思うようになりました。

ハンセン病と関わる

昼と夜とを貫くどういう原則が鶴見さんの中に通っているか。端的に言うなら、自分が変わることができれば社会は変えられる、ということなんだと思います。

おつれあいの横山貞子さんが体調を崩された時期に重なるかと思うんですけど、ずいぶん前、鶴見さんがものすごい熱意をもって、不慣れな家事に取り組み、また、それについて語られていた時期があります。たぶん、それは、皿洗いを経験することがおもしろかったんだろうと思うんです。皿洗いができる自分になること、また、皿洗いとはどういう労働かをそうやって知ることが。そうやって、未知のことに興味を持ち、そこから学べる人であることは確かなんです。もし夫婦間の関係が悪ければ、来る日も来る日もこうやって家事労働を強いられる立場に身を置くことは、ものすごい苦痛に違いない、とか、それが鶴見さんにとっての発見であったりするわけですね。行動と認識の結びつきという点で、これはきわめてプラグマティックな考え方です。鶴見さんのアメリカ哲学と皿洗いは、そうやって結びついている。

ちょっとべつのことから言いますと、鶴見さんは戦後すぐのころからハンセン病の人たちとの関わりが非常に長く続いてきました。戦争直後に、ある白系ロシア人の少年と接触が生じる。彼にハンセン病の疑いがあって、英語の通訳をやってくれと頼まれたことがきっかけでした。のちに、この少年は、ハンセン病の施設の中で、コンスタンチン・トロチェフと名乗る詩人になります。こういうことがきっかけとなって、やがて鶴見さんは志樹逸馬というやはりハンセン病の詩人とも交流が生じる。鶴見さん自身が戦後まもなくに創刊した雑誌『思想の科学』でも、彼らの詩作を熱心に後押しした詩人・大江満雄さんに寄稿してもらったりしています。また、ハンセン病の回復者の施設をつくる運動などにも、鶴見さんはずっと関わっていました。けれども、案外、鶴見さんはそうしたハンセン病と自身のかかわりについては、あまり書いてないんです。

いくつかは書いていているものがあります。今度、僕が編者を受け持って、河出文庫で〈鶴見俊輔コレクション〉を出します。そのなかの『身ぶりとしての抵抗』という巻に、「五十年、九十年、五千年」という、ハンセン病とのつきあいの五十年を回顧して鶴見さんがお書きになった長い文章を入れています。ポツンポツンとそうやって書いておられるものを読んでいくと、鶴見さんのハンセン病についての書き方の特徴に気がつきます。重要なのは、国策としてのハンセン病者の隔離にコミットした関係者、あるいは国に対しても、それを糾弾するという姿勢ではほとんどものを書いていないということです。なぜかと言うと、それよりもハンセン病患者や回復者との自分自身の付き合いかたを本当に変えていければ、一人一人がそれをやれば、社会は変えられるはずだという考えが基本になっているからです。

他者を糾弾するより、むしろ自分が変わらないと、変えられない。それが鶴見さんのアナキズムの基本的な考え方なんだと思います。そして、哲学というのは、こうやって一人しか立てない場所に自分の足で立つことだと。そういう姿勢が、基本的な考え方なんだろうと思います。

アメリカのプラグマティズム哲学

鶴見さんはアメリカに留学して、プラグマティズムという哲学の流れを勉強した人だとされています。けれど、もう一歩踏み込んで言うなら、そのことと自分なりのアナキズムの結びつきを押し進めて考えてきた人で、むしろ、この点が重要です。

なぜ、そんなことを考えてきたのか。ひとつには、米国渡りの教養を持つ、ご自身の父親のことがあったのだと思います。鶴見祐輔という、当時、とても有名でリベラルな政治家です。この人物は、ベストセラー作家でもあって、『母』という小説は五十万部も売れて映画にもなっていますし、『英雄待望論』というナポレオンなどの人物論も同じくらい売れたらしい。英語も得意で、戦前、アメリカなどに日本政府のスポークスマンのような立場で演説してまわった人です。

でも、その人が、だんだん大東亜戦争が深まるにつれ、それと調子を合わせていくのを、息子である鶴見さんは見ていた。そんな親父への批判と疑い、それから、へたをすると自分もそういう知識人になりかねない、という警戒心が、つねに鶴見さんにはあるわけですね。

プラグマティズムというのは、一八七〇年代あたりに、学生に毛が生えたような若者たちが集まって、やや年長者もいますが、メタフィジカル・クラブ（形而上学クラブ）という、ちょっとふざけた会を名乗って、ボストンに近いケンブリッジの町で勉強会をやっていた。個人名で言うなら、チャールズ・パース、ウィリアム・ジェームズ、オリバー・ウェンデル・ホームズ（ジュニア）ら。その中の一人にグリーンという弁護士もいて、その人がアレキサンダー・ベインというイギリスの経験論者の言葉を引用して、信念とは「それによって行動する用意のある考えである」との定義を紹介する。つまり、信念というものは、そうやって明晰に定義でき、それゆえに、こういうかたちで主体性もそこに入ってくる。そこから始まるのじゃないかと思います。

鶴見さんは、自分の父親の知人でもあるアーサー・シュレジンガー（シニア）というハーヴァード大学の先生の仲立ちを得て、やがて、その大学に入ります。この時に、あらかじめ、ハーヴァードの卒業生で、その大学で講師をやっている都留重人という人物をシュレジンガーから紹介される。都留さんは、鶴見さんより十歳ほど年上です。

ただし、鶴見さんが哲学科を選ぼうとしたら、都留さんは賛成しなかった。なぜかというと、哲学とは他の勉強をやりながら考えていくべきものじゃないか、ということなんです。都留さんは、鶴見さんに、哲学というのは、各自がそれぞれの考えるべき対象と取り組んでいる時に、その当面の必要を越えて思いつく感想の領域だ、というようなことを言ったらしい。この助言自体が、哲学の定義としてプラグマティックですよね。ですから、そんな風に哲学というものを解説してくれた都留さんの言葉こそが、鶴見さんにとってのプラグマティズムの始まりだったかもしれない。

鶴見さんが、自分の先生は都留さんだけだ、と、ときどきおっしゃるのは、そういう意味もあるんじゃないかと思うんです。

父親への抵抗

鶴見さんにあるような、父親の世代への警戒感は、米国のプラグマティズムにも共有されています。例えば先ほど言いましたメタフィジカル・クラブの一員、オリバー・ウェンデル・ホームズは、のちに米連邦最高裁の判事になる人です。彼には、オリバー・ウェンデル・ホームズ・シニアという同じ名前の父親がいて、南北戦争前には、日本で言うなら鶴見祐輔みたいに、当時の有名な文人なんです。つまり、北部の名士です。にもかかわらず、奴隷制をどうするんだ、そのために戦争をしなければならないという時には、息子から見たら、親父はあんまり踏み込んで考えず、問題の核心部から身をかわしてしまっているように映ったんですね。ルイ・メナンド『メタフィジカル・クラブ』という大著は、こうした世代間の違いに光を当てています。この本を参考図書にして、鶴見俊輔『たまたま、この世界に生まれて——半世紀後の「アメリカ哲学」講義』(編集グループSURE)という本をつくったことがあるんです。鶴見さんには、自分自身の父子関係と重なるように、それらの群像が映るところがあったでしょう。

いろんな米国の知識人が、こうやって南北戦争の時代に差し掛かります。たとえば『ウォールデン』を書いたソロー。鶴見さんも予備校時代を過ごした、マサチューセッツ州コンコードという町にいた人です。彼は、黒人奴隷を解放するためには、ときに暴力の行使もいたしかたないという、踏み込んだ考えを明らかにしました。エマソンという、牧師でリベラルにものを考えていた人も、同じ地域の住人です。そういうアメリカの南北戦争前後の知識人が、ボストン近郊のちいさな町のあたりに集まるようにして住んでいた。だから、「ああ、この小屋にソローが住んでいたのか、あそこにジェームズがいたのか」と、鶴見さんにとっては、自分の身近に、彼らが生きていた痕跡があったわけです。

パースの父親は、有名な数学者です。また、ジェームズの父親も、かなりの名士で、牧師みたいな人です。彼らはそれぞれに父親世代との葛藤を抱えていた。そして、子どもの側の立場からは、全共闘世代みたいなもので、いわば世代間戦争の当事者として、父親たちの世代を睨み返すようにしてものを考えた。そうやって出てきたのが、行動を自分の概念の根底に置くという、プラグマティズムを創出する世代です。

ただし、米国留学当時の鶴見さんは、日本での不良生活を悔い改めて、ハーヴァードでの十七歳からの三年間、必死に勉強したわけですね。その点では、優等生のお坊ちゃんで、まだ今みたいな生き方をする鶴見俊輔にはなっていません。

敗戦と『思想の科学』の創刊

そうやってハーヴァード大学で勉強するうちに、日米開戦になってしまって、鶴見さんは移民局から呼び出され、「敵国民登録」という手続きを受けなければならなくなります。その中で、「おまえの信条は何か」と問われ、「アナキストです。だから、このような帝国主義戦争では、どっちの国家も支持しない」と答える。そのために、鶴見さんは、危険思想の敵国人として監獄に入れられ、やがて敵国人収容所に送られる。ふつう、学生の場合は、敵国人であれ、収容所に入れられはしないんですが。

そして、収容所の中で、「日米交換船を運航することになったが、これに乗って帰国しますか」と問われて、「乗ります」と答えて、戦争の中の日本に帰ってくる。同じく米国の大学で勉強していたお姉さんの鶴見和子さんも、ともに同じ船で帰国する。

このとき、交換船に乗らずに米国に残ることもできたんです。彼ら留学生はアメリカの圧倒的な物質的豊かさと情報の中にいるのだから、この戦争では絶対にアメリカが勝つと、わかっているわけですね。でも、敗ける日本に自分はいた方がいいんじゃないかと考えて、帰ってくる。このとき、どうしてそのように考えたのか、鶴見さんははっきりとは説明していません。しかし、僕なりに推測すれば、良家の子息としての特権を用いて勝つ側の国にとどまることは、自分が不公正に与することになるように感じて、いやだったのだと思います。こうした人生の岐路での選択のしかたは、その後も何度か、鶴見さんに訪れる。

親や家柄がもたらす特権から、鶴見さんは自立したい。だから、自分なりにつましい暮らしを選んだりして、そこから独立するほうの道を選ぶ。でも、なかなか、それは簡単じゃないですよね。そもそも、米国で留学生活を送っていること自体が特権の行使なのだから。こうした矛盾は、たびたび鶴見さんをおびやかしたと思います。少年時代も、成人してからも、鶴見さんはおりおり鬱病に陥ります。そこにも、自分は特権の上にいるという後ろめたさがついてまわっていたでしょう。

　でも、とにかくここでは、日本への帰国を選んだ。それは、のちの鶴見さんにとっても、大きな意味のある選択で、よかったと思うんです。「行動」というのは、デモに出るとか、そういうことだけでなく、こういう一人の場所での選択が、とても大きいことがありますよね。

　ハーヴァードではドイツ語も学んでいたので、日本に戻ると、ドイツ語の通訳として海軍軍属となり、ジャカルタに行った。先ほど言いましたように、そこで軍隊の使い走りみたいな役もいろいろしたわけです。そういう中では、これまで漠然と抱いていたヒューマニズムみたいなものだけでは生きられない。というか、それが通用しない軍隊社会の中で生きぬかなければならない。「いま人を殺さないと、おまえを殺すぞ」と、いつ言われても、おかしくない。その時、どうするのか。この気構えを持っていなければならないし、そのためには、ハーヴァードで習った哲学だけでは間に合わない。そうやって自分の哲学にやすりをかけなおす、過酷な機会でもあったはずです。

　やがて一九四五年に、日本は戦争に敗ける。その敗戦を迎えて、鶴見さんは『思想の科学』という雑誌を創刊します。思想は、これまで日本で扱われてきたより、もっと明晰な実験で試せるものにできるはずだ、ということが、創刊の動機にありました。つまり、「八紘一宇」とか「御稜威《みいつ》のために」とか、そんな呪文みたいな言葉を積み上げていくのではないしかたで、ものを考える流儀を日本の社会に作りたいということですね。丸山真男さん、都留重人さんら、年長の同人たちの参加を得て、『思想の科学』を創刊するのが、一九四六年春のことです。

「風流夢譚」事件

その後、桑原武夫さんに誘われ、京大の助教授になる。二十六歳。京大史上で一番若いくらいの年齢だったでしょう。そのあと、米国のスタンフォード大学の研究員になる話も、すでに決まっていた。ところが、五一年に、日本で初の原爆展が、京大の学生たちによって京都で開かれ、鶴見さんも賛同の署名をした。まだ日本が、米軍の占領下の時代です。すると、これが反米的な挙動とみなされたらしく、スタンフォードに渡航するためのビザが下りなくなった。幸か不幸か、鶴見さんの戦後の米国行きは、これでキャンセルになった。以後は、鶴見さんのほうが考えを変えて、それ以来一度も米国に入らないまま今日まで至っています。ですから、これもまた、のちになって見れば、運命の大きな分かれ目ですよね。

試練は何度もあったと思います。先ほど言いました六〇年安保の時、鶴見さんは東京工大の助教授だったわけですけど、辞職していています。先に中国文学の竹内好が、このような日本政府の下で公務員として給料を受けているわけにはいかないと言って、都立大学教授を辞めた。竹内さんは、このころ、思想の科学研究会の中心人物です。そして、鶴見さんも、ここで辞めないと自分がだめになると思って、辞めたんですね。

そのあと、六〇年安保に連動して、「風流夢譚《ふうりゅうむたん》」事件、『思想の科学』天皇制特集号事件と呼ばれるものが相次いで起こります。前者は深沢七郎が書いた「風流夢譚」という夢物語の体裁をとった小説に、天皇家、つまり、美智子さんとか、いまの天皇がまだ皇太子として出てくるんですが、世間に動乱が起こって、彼ら皇族の首が飛んでしまうような場面があったんです。雑誌『中央公論』が、それを載せた。そうすると、とんでもない小説を載せたというので、右翼の少年が中央公論社の社長宅を襲って、社長の嶋中鵬二氏は留守だったんですが、奥さんに大けがを負わせて、お手伝いさんを殺してしまった。そして、中央公論社が、これについて、あべこべにお詫びの広告を出したという事件です。それが一九六一年二月。この小説は、現在も単行本に収められていません。

一方、当時は『思想の科学』も、中央公論社から刊行されていました。社長の嶋中鵬二氏が鶴見さんと小学校時代からの親友で、経済的に苦しんでいたこの雑誌に助け舟を出してくれたからです。その『思想の科学』が、六二年一月号の企画で、天皇制特集の準備を進めていた。ところが、刊行まぎわの六一年の年の瀬に、中央公論社側の独断で出版が中止され、雑誌が断裁、破棄されてしまうという事件が起こった。これが、『思想の科学』天皇制特集号事件です。

思想の科学研究会にとって、これは看過できない問題で、どうするべきかと侃々諤々の議論が行われます。鶴見さんとしては、これまで雑誌を助けてくれた嶋中氏には感謝して、自分たちはここで中央公論社を離れ、以後は再度自力で『思想の科学』を出していこう、という意見だったようです。けれども、東大の丸山真男門下のようなリベラルな先生方などは、そうは言わない。つまり、中央公論社を言論の自由の立場から断乎糾弾、しかし、中央公論社から離れるとは言わない、というような態度です。これは、いささか虫がよすぎるというか、実際には無理な要求なんですよね。会議は、こうやって紛糾する。そして、最後は夜を徹して議論をして、ついに竹内好さんが鶴見案を後押しするような裁定を下し、『思想の科学』は中央公論社を離れて、自主刊行に踏みきろうということになった。

都留重人さんは、このとき、独特の態度を取ったようです。新聞紙上で、都留さんは思想の科学研究会の弱腰な姿勢を批判した。その一方、鶴見さんに都留さんは電話をしてきて、「これからどうするんだ」と尋ねたというんです。鶴見さんが「ガリ版刷りでも出します」と答えると、都留さんは「雑誌は財産だから、それはいけない」と意見をした。そして、「銀座のデパートの中に自分が井村寿二(百貨店・大和の経営者、勁草書房創業者)から借りている部屋があるから、そこを思想の科学研究会に提供する。そして、君は井村のところに行って、当座の刊行資金として百万円借りてくるように」と言ったのだそうです。十人ほどで皆のハンコを押して、連帯保証人になって、その資金を借りればいいと。つまり、そこまでの手配をすでに都留さんのほうで済ませてくれていたのですね。

こういうとき、それまでの安定したスポンサーとの絆を断って、自分たちで立つ、というのは、ものすごい試練ですよね。だけど、それを決断しないと、相手にも迷惑をかけるし、結局、ずるずると妥協して状況に呑み込まれていくしかないときがある。そこでの試練に、鶴見さんは、年長の理解者の後押しも得ながら、踏み出していくことができたわけです。そういう難所ごとでの人々の態度を見ながら、鶴見さんが学びとっていったものも大きかっただろうと思います。

フェアネスの問題

その後、ベトナム戦争もありますし、大学紛争もありますね。東大だと、六九年の初め、安田講堂を占拠していた学生たちに対し、大学側が機動隊を導入して、封鎖を解除する。鶴見さんは当時、京都に移って、同志社大学教授です。同志社でも、教授会が機動隊に要請して、ストライキをしている学生たちを排除する。

このときも、それぞれの大学でおおぜいの学生たちが処分されますが、これに抗議して大学を辞めた教授は、実際はそんなにいないんです。東大は安田講堂に機動隊を入れて学生を排除した時、辞めた教授は、新聞研究所の日高六郎教授だけです。同志社の場合も、実際に辞めたのは鶴見俊輔だけですね。教授会で機動隊導入を決めた時、いろんな話が出たらしいんですけど、キリスト教系の大学らしく、「われわれは、みなで十字架を背負おうじゃないか」という声があったらしい。それはありていに言えば、機動隊に頼もうや、ということです。十字架を背負うというのは、背負い続けるつもりで言っているかというと、そうではなくて、もう面倒だからこれでカタをつけちゃえ、というつもりで言っている。日本の首相が、「私の責任で原発を再稼働させます」と、責任も取りようがないことを言っちゃうのと同じ語法です。

鶴見さんがよく言うのは、その時の選択肢としては、三つあったと。「殴るか、殴られるか、殴らせるか」。つまり、自分たちの手で学生たちを殴るか。これは殴り返されて、ひどい目にあうでしょう。あるいは、殴られるままに身を任せるか。これは、立派な態度だけど、痛いし、さらに命がけです。最後のひとつは、機動隊に学生たちを殴らせて、自分たちは身をひそめておく、ということです。これは楽ではあるけど、道義的には最悪の選択です。しかし、教授会は、自分たちが痛いことは避けて、これを選ぶことにしたわけです。

鶴見さんは、このとき、全共闘の学生たちのやり方を支持していたわけではありません。しかし、それでも彼らは、自分たち教授連の、つまりこの大学の学生じゃないか、ということです。教授たちには、彼らに対する責任がある。それなのに、自分たちはどこかに隠れて、機動隊に学生たちを殴らせるのは、卑怯じゃないか、ということですよね。

実際、機動隊が大学に入る時には、教授たちはどこかに姿を隠して、いなかった。鶴見さんは、そこに残っていたようです。ボコボコと盾とか警棒とかで機動隊員が学生たちを殴る音が聞こえる。「本当にあれは嫌だったね」と鶴見さんが言うのを、何度も聞いたことがあります。それからあとも、ずっと、同志社の近くを通るのもいやだ、と。自分の学生たちとは、いい思い出がたくさんある。でも、いざとなると、こういうことをやっちゃう元同僚の教授たちの顔を見るのが、いやだったんでしょう。

これもまたフェアネス（公正さ）の問題なんです。戦時下、交換船で日本に帰るかどうかを考えるときにも、鶴見さんの中にあったのは、フェアネスの問題だったと思います。人生の中では、繰り返し、この問題が起こる。今は、この問題を見ないで通り過ぎようとする傾向が、さらに強まっているでしょう。日本人は、だんだんそういうふうになってきた。

ほかの教授たちにまで、あなたも辞職するべきだと、求めたりすることはできない。また、そんなことを求めるべきではない。しかし、自分はそれでいいのか、という問題は、各自に残るということですね。それを飛ばして、何の人生か、という自問が、フェアネスを心にかける者にはついてまわるということです。

直接行動と民主主義

さっきちょっと書名を挙げましたが、鶴見さんの『たまたま、この世界に生まれて――半世紀後の「アメリカ哲学」講義』という本を、われわれがやっている小さな出版グループでつくったことがあります。鶴見さんは、そこでの前書きに、自分のプラグマティズムにむけるまなざしは、日米戦争、ベトナム戦争、イラク戦争を通して、より鋭くなってきたと書いています。この本をつくった時は漠然と受け取ってしまっていたけれど、やっぱり、まさにそういうことなんだなと、今は思います。

普通、年寄りというのは、だんだんまなざしが柔らかくなるように言われているけれども、鶴見さんの場合は、さらに鋭い目で自分のプラグマティズムと向き合っていく。それを繰り返してきた人なんでしょう。「選挙だけじゃない、直接行動というものが必要で、それが民主主義の根本だ」という考え方も、その上に立っている。首相が米国大統領を訪ねて行って良からぬ事を相談しそうなときには、座り込みで空港に向かう車列を止めて、足を引っ張るくらいのことはやっていい。圧倒的な軍備という暴力装置を国家が独占しているとき、それくらいは、もちろん正当な抵抗の範囲だ、ということです。

大人というのは、一般論で暴力はダメだと言って済ましてしまいがちだけれども、そうじゃないんだと。こんなガンジーの逸話を、鶴見さんが引いていたことがあります。ガンジーは原理主義的な宗教信条の人物などから襲われることが、しばしばあったわけですね。だから、息子がボディーガード役をつとめていた。けれど、あるとき、その彼が暴漢に大けがを負わせてしまう。怒りに駆られて、殴り返してしまったんでしょう。このとき息子は、非暴力主義者としての父親の信用を落としてしまったわけですから、しょげかえって「ごめんなさい」と、あやまったらしいんです。すると、ガンジーは、「しようがないんだ。あの時、何もやらなかったら、おまえはただの卑怯者だ」と答えたらしい。そういう話が、鶴見さんの非暴力、直接行動を論じている文章のなかに出てきた覚えがあります。

つまり、非暴力もまた、暴力との対決においては、ぎりぎりのものなのだということです。鶴見さんは、そのことを考えに置いてきた。政治というものを考えるときには、これもやはり必要な毒消しですよね。

アナーキズムの中にも、クリスチャニティの中にも、こういうものはあると思う。少々乱暴な話でしたが、とりあえず終わりとしておきます。

書く人・鶴見俊輔

加藤典洋

はじめに

二つの光源から

ここでは、鶴見俊輔という人を、二つの側面から考えるということを行おうとしています。一つは、その「行動する」側面から、もう一つは、その「書く」という側面から、ということです。全体のタイトルは、「考える人　鶴見俊輔」。私の話は、このうち、「書く」という側面から鶴見俊輔に接近するというものです。

ここに言う「行動すること」と「書くこと」というのは、私の理解では、棲み分けられた二つの領域ということではありません。また「考えること」というのは、その二つを含み、その「二つ」からなる全体というのでもありません。人の生きることのうちには、「感じること」も、「眠ること」もあります。「考える」ことを含んで、またそれを越えて存在する鶴見さんの全思想と全生活を、「行動する」ことと「書く」ことを二つの光源に、そこから照らし見ようという試みです。棲み分けというように考えると、「行動する」ことと「書く」ことの間で、胴上げされた「考える」ことが落下して背中を痛める、ということが起こります。ですから、ここでは、「行動すること」を光源に行われる黒川創さんのお話と話題が重なるかもしれないことは、恐れずに、「書くこと」を手がかりに、鶴見さんの「考えること」を、思想と文化と社会の全領域をカバーするつもりで、話してみます。

ホムンクルスとしての「書く人」

鶴見俊輔という人の一つの本質は、「考える人」であることの内奥に、「書く人」がいることではないか、というのが、今日お話してみたいことです。ホムンクルスという存在がいますね。錬金術の中から出てきた考え方というか、存在で、とても小さな形をした人工人間、人造人間ですが、「考える人　鶴見俊輔」の中心近く、心臓のあたりに、この小さなホムンクルスが棲んでいて、それは「書く人　鶴見俊輔」である、ということです。

では、書くこととは、鶴見にとって、どういう意味でしょうか。それをもっともよく示すと思われる詩句が、鶴見さんの書いた詩のなかにあるので、それを紹介しましょう。

嘘と私

自分のことを書こう

正直に
――書けるかな

まず心にうつして見る
それがそのまま
紙の上の字になるとして

書かれたことは
いくぶんか嘘になる
という法則がある

人間の歴史をつらぬく
この法則から
どの文章も自由ではない

そしておそらく
書かれたことに嘘がある
という法則の故に

私にとってある
この自由

これは鶴見さんの書いた詩で、鶴見さんの唯一の詩集である『もうろくの春　鶴見俊輔詩集』の中にあります。黒川創さんがやっている最小出版社・編集グループＳＵＲＥ（シュアー）から出ていて、編集は黒川さんです。詩集に初出が出ていないので、いつどこに書かれた詩であるかは、後で、黒川さんに聞けば、わかるかもしれません。

ここに言われているのは、「こころにうつしてみる」ことが「そのまま紙の上の字になる」としても、そこには「偏差」、ズレがある、ということです。それをどうしてもそこには「嘘」が入り、書かれたものは「いくぶんか嘘になる」と言っています。しかもそれは「人間の歴史をつらぬく法則」だと言うのです。「書くこと」の奥底にズレがある、偏差があること。ズレを生み、偏差を作り出す原動力があること。そこから私の自由が生まれる、と言われています。

「書くこと」のうち、どうしてもそこに「嘘」が入ってしまうことのズレのうちに、私の自由が生きている、と言うのです。

今日、お話してみたいことは、鶴見俊輔という人が私にとってどういう「考える人」であるかということです。そのことを、鶴見さんにおける「書くこと」と「書かれたもの」を手がかりに、お話するのですが、それには、はじめに、私が鶴見さんと知りあうことになったきっかけからお話するのがよいかと思います。

1　鶴見さんと私

最初の出会い

私は一九七九年の秋にはじめて鶴見俊輔さんをお見かけしました。場所は、カナダのモントリオールの空港です。当時、勤務していた国会図書館から派遣されてカナダ、ケベック州にあるフランス語圏モントリオール大学の小さな東アジア研究所の図書館作りを任されていたのですが、隣の英語圏大学であるマッギル大学に客員教授としてやってきた鶴見さんご家族を、友人で招聘者であるマッギル大学の準教授をしていた太田雄三さんらと出迎えに行ったのです。

いま考えるなら、その時鶴見さんは五十七歳で、私は三十一歳です。

私について言うと、もう若いというのではない年齢で、しかも図書館員をしていたのですが、むろん鶴見さんのことは知っていたものの、その時まで、その著作は数えるほどしか読んでいませんでした。それというのも、私は学生時代に全共闘運動というものを経験した年代です。ベ平連の運動には関与していません。その既成の知識人予備軍的なところ、お行儀のよいところが、あまり自分の好みと合わずに、どちらかといえば敬遠していました。ですから、鶴見さんはその当時の私には、品のよい、おだやかで、頭のよい、典型的なリベラル知識人というイメージで存在していました。

鶴見さんはそのマッギル大学で、秋学期、春学期と二度の授業を行っています。それに、マッギル大学の学生が、五～六名、準教授の太田さん、それからモントリオール大学から博士課程に所属し、アメリカから非常勤講師としてやってきている研究者や、院生、それに偽学生一名（これが私ですが）などが聴講生として参加して、総勢十二名くらいの受講者がありました。いまスローライフの提唱などで知られている辻信一も、そのときの学生の一人です。私は、フランス語系の大学に勤めていて、英語はなかなかついていくのが大変だったのですが、何とか欠席せずに聴講を続けました。英語にわからないところが多くとも、授業が面白かったからです。また、授業が終わると、三～四名が、いつも坂をくだったところにある喫茶店で、ケーキとコーヒーをご馳走になりながら、その日の講義をめぐって雑談を交わす、そういう機会を鶴見さんが作ってくださっていました。

私は、なかで、だいぶ懐疑的な偽学生として、その話の輪のなかにいたと思います。吉本隆明の書いたものに、自分なりにカナダで深く傾倒しはじめていたこともあり、最初は鶴見さんの嫌がるような質問を差し向けたりしていたと思います。高野長英というのは、鶴見さんの縁戚なんですよね、とか。そんな中で会を重ねるうちに、一つの発見がありました。それは、この人は、リベラルだが、けっして「品のよい、おだやかで、頭のよい」だけの人間ではない、ということです。非常に「おだやかでない」、「頭がよすぎて、少し壊れそうなところもある」、そういう人物らしい、という発見でした。

狂気を沈めたリベラル

この発見は、私にとってかなり重大なものでした。

それは、ある意味で私とリベラルであることの間をつないだからです。

そしてその「つながり」は、私と世界とを橋渡しするものでもあったからです。まず、それまで私は、一部の文学者などを除くと、それまで、社会的な領域で、自分よりも年上の、しかも著作などで名高い人というものを、一人たりと、本当に信頼し、尊敬することができない、という質の人間でした。たとえば、それまでに名高い知識人などに紹介してあげるというような親切心を、元の大学の先生から示されたようなときも、いや、会ってもがっかりするだけでしょうから、けっこうです、などと生意気なことを言って、お断りしたりしていたのです。何しろ、一九六〇年代末の全共闘の学生というのは、そういう自己増長した知的自負心をもつ偏狭な人間を少なからず含んでいました。そういう馬鹿な学生の一人であった私が、三十一歳で、はじめて、へえ、こういう人がいるんだ、また、この人のこういうところには敵わないかも、というような存在にぶつかった。そして、リベラルであることと、極端であることは、一人の人間の中に共存しうるんだ、と教えられた。鶴見さんと出会って私は、人間は、世の中を馬鹿にしてはいけないこと、世の中には、本当にすぐれた人間が存在していること、そして、そういう人間に出会うことは、三十センチの物差しをもらうということに等しいことを、学んだのです。

三十センチの物差しを得るというのは、自分と世界、世の中の間に関係ができて、それを共通の尺度で計る、計測の手がかりが、手に入るということです。

世の中の大きさ、狭さ、広さが、そこから以前よりも正確に摑めるようになりました。何より、自分と世の中の間に、はっきりとした距離関係が生まれるようになりました。

学生時代、私の中には「過激なもの」がありました。「それは正しさの過激な欲求」でもあれば「盲目的な現状への反発」でも「純粋精神への観念的な希求」でもあったと思います。そして、世の中に「過激」な受け皿があるときには、その「過激さ」はその受け皿に受けとめられていれば済んだのです。それが、私にとっての全共闘運動だったと思います。しかし、それは一瞬、ひととき、存在しただけの「皿」でした。それ以後、そういう受け皿を失って、私の「過激さ」は行き所を失い、それを否定しなければ、世の中に生きられない、しかし、それを否定したくない、というので、私と世の中の間に、うまく関係が取れなくなっていたわけです。

私は二年留年した後、当時、何とか拾ってもらった国会図書館で出納業務などの単純作業にあけくれていたわけですが、完全に世の中から「孤立」していました。その果てに、カナダに来ていた、というところがあります。そこに、私以上の「過激さ」をひめてしかも「穏やか」な「リベラル」でいられるという実例が現れた。私にとって、そういう「おだやかでない、極端なものを秘めたリベラル」なら、自分もアクセス可能だな、と思えるところがありました。私と、世間に生きることの間に、また、私と、リベラルであることの間に、回路が作られたのです。後から考えると、エアバックのようなものが自分の顔面を受けとめてくれている、という感じだったのだろうと思います。「過激さ」以上の強さをもてば、自分がその「過激さ」の「穏やか」な受け皿になれるのだ、「強く」なれば「リベラル」になれるのだ、ということを教えられたのだと思います。

その発見について、私は、あるところで、ああ、この人は「気狂い」めいたところをもっている人だ、狂気の人なんだ、と思ったと書いています。でも、いま、もう少し正確に言えば、この人は、狂気の人でかつリベラルという、希少な存在なのだ、と思ったことになるでしょう。

そしてそれが、今日の話で言うと、「書く人」ということと関わります。私にそれは、過激なものをホムンクルスとして中核に蔵した、一見穏やかな人鶴見俊輔という像を与えたからです。

鶴見さんのなかの「おだやかでないもの」

私がなぜ、鶴見さんに「おだやかでないもの」を感じたか、その感じ方も、人に理解されにくいかもしれません。というのも、この話をしても、わかってもらえることは、少ないので。でも、お話ししてみれば、たとえばこういうことがあります。

授業が終わった後。鶴見さんと受講者四名ほどが、鶴見さんを囲んで、授業に出てきた話などから展開したある話題について話しているとします。鶴見さんが何か言う。そして、話がさらに盛り上がる。その面白さに、息せき切って、私などが、それは……と言いかかると、そこで、急に鶴見さんがさっと立ち上がり、「帰ります」と言うのです。「これから夕食の準備がありますから」と。

何でもないことのようですが、こういうことがあるたび、私は気づかずにビルの入り口で大きく透明なガラス扉に額をひどくぶつけた時のような、ガーンという衝撃を、感じたものです。学生運動の時代を過ごしていますので、気違いじみた人々は、少なからず知っています。でも、気違いじみた人々も、それなりにみんな文法のもとにあるものです。ラジカルであったり、エクセントリックであったり、という文法です。でも、これまで、こういう――文法にない――立ち居振る舞いをする人に、出会ったことがありませんでした。

それはこういうことです。ふつうは4：30に帰らなければ、と思っていると、人は、時々時計を見るようなしぐさをしたり、あるいは、そうでなくとも、話がそのあたりで落ち着くような、飛行機でいうと、これから着陸態勢に入ります、といった「低減・着地モード」にどこかで入るものです。そして、お互いにその気配が伝わるかどうかというあたりで、「じゃあ、今日は、このへんで」という落着具合を見せるのですが、その当時の鶴見さんには、そういうものがまったくなかった。みんなであははは……と笑っていると、ふいにお風呂の中で立ち上がって、すたすた帰っていく、とでもいうように唐突に、その話を打ち切る。そして、唖然とする私たちを尻目に、にこやかに、では次回……と言いつつ、立ち去るのです。少なくとも私にはそう見えました。私は、面白い「話題」というものが胴上げにあっていて、その後、支え手を失い、どしん、と地上に落下し、いてて……と腰に手を当てる様子を、思い浮かべたものです。この人は、みんなと夢中になって話に興じている、その一方で、その感情をすぱっと切って、家事をするために家に帰ることができる。どこか「壊れた」というか、「分裂」したものを抱えている、しかも、それでいて「おだやかな外見」を失わない。どういう人なんだろう、そういう印象が、ここから生まれました。

もう少し、わかりやすい話を持ちだせば、たとえば、こういうこともありました。

これは私が直接に鶴見さんから聞いた話ではなく、鶴見さんを招聘したマッギル大学の太田雄三さんから聞いた話です。鶴見さんが太田さんに、話したようです。それによると、鶴見さんはお祖父さんの後藤新平に連なる一族の長などにこの後どうなることやらと心配されるような人だったらしい。というのも、御尊父鶴見祐輔氏の葬儀で誰かが弔辞を読んでいるところに天皇からの勅使が香典のようなものを持参して登場した。これに長男で喪主の鶴見さんが当然席を離れてお迎えに立つべきところ、腰を下ろしたまま立ち上がらなかった。隣に座る姉の鶴見和子さんが、鶴見さんを肘で合図して立ち上がりなさいと暗に促すのに、鶴見さんは動かなかった。鶴見さんにすれば、弔辞の時間とわかってこれに宮内庁が勅使の到着をぶつけてきたことに腹が立ったということだったようなのです。それで一族の長老たちは、こんな無礼な行動をする俊輔は今後大丈夫なのだろうかとはらはらしたらしいのですが、この頑固さというか、頑迷さも、私のなかでは、先の「帰ります」に通じます。海でいうと、海上はおだやかなのですが、どこまでも深い海溝を秘めた海域で、やはりどこか、極端なのです。

2 「考えること」と「書くこと」の間

書くことの不自然さ

このことが「書くこと」と、どう関わるか、というと、「書くこと」は、そもそもが自然のことがらではなくて、不自然なことであるのに加えて、鶴見さんの場合には、その「不自然さ」がより過激に生きられているからです。

「書くこと」は「考えること」とそのままにつながらない。切断をもったまま、そこに含まれます。鶴見さんのなかで、「書くこと」と「考えること」の関係は、私が述べた極端なものとリベラルなものの共存の関係、ホムンクルスと人間の関係に似ているというだけでなく、そのダイナミックな関係を、生き生きと保つ、賦活する原動力ともなっているのではないか、と思うのです。

書くことが自然のことでないとは、どういうことかというと、たとえば、『変身』などの小説で知られる小説家フランツ・カフカが、自分は不幸の極にある人間が、ペンをもって紙の上に「私は不幸だ」と書けるということが、どうしても理解できない、本当に不幸な人間は、「私は不幸だ」とは書けないし、書かないだろう、という意味のことを言っています。

鶴見さんの詩にあるように、「自分のことを」「正直に」は書けない、書かれたことはいくぶんか嘘になる、人間の歴史にはそういう法則が貫かれているのです。

でも、ある意味では、不幸な人間は、「私は不幸だ」という以外のことは書けないのではないでしょうか。ですから、書くということは、不自然なことだとして、それで書くのをやめればよいのですが、それでも書くことをやめないとすると、そこには「いくぶんか嘘が含まれる」。そこで、「私とは不幸だ」と書かないで、その代わりに、カフカは、小説を書いた、ということになるのかもしれませんが、小説を書かないと、小説を書かない人間は、どうなるか。書くことを通じて、人は別の形で「いくぶんかの嘘」を生きることになります。

ところが、鶴見は、小説を書かないで、その「いくぶんかの嘘」、本当との間の溝に落ち込むのですが、そこで転んでもただで起きないで、そこから、私の自由が生まれる、と言う。私は「書く人鶴見」の本質を、そこに見たい。自然さ、本当らしさからのズレ、不自然さ、わざとらしさのうちにある真実、がそれにあたるだろうと思います。

そのことでは、こんなことが思い浮かびます。

モントリオールから帰ってすぐに、国会図書館内の小さなグループの出したメディアに書いた文章に、その頃私は、モントリオールで学んだこととして、こう書いた記憶があります。それまで自分は、どうしてもうさんくさい人、わざとらしい人を信用できない、信頼しない、という心の傾向があったように思うが、三年半近く、カナダにいて、考えが変わった。本当にさまざまな場所から、色んな人間が集まってきていて、偏見や差別や騙し合いや、親切や、思いやりのやりとりをしている。うさんくさい人、わざとらしい人もいて、彼らには、時々どこか歪みがあったりするのだが、そこにその人の面白みと真実がある場合が多い、と思うようになった。「うさんくさい」のは、いい、面白い、と思えるようになったことが、外国に住んでおぼえたことだ、と。

この学習を私にもたらした第一因は、鶴見俊輔と出会ったことです。

鶴見さんが、上流階級出のインテリとして、庶民の文化、大衆芸能などを高く評価しながらも、本当の庶民感覚にうといのではないか、ということでは、名高い話があります。丸山真男さんと対談したおり、「庶民」が話題になって、丸山さんが、でも、鶴見君には、庶民感情ってよくわからないんじゃないかな、私の方がずっとわかるよ、と言い、庶民の感じ方に関し、簡単な問いを出すと、うまく鶴見さんが答えられない、で、言ったとおりでしょう、と丸山さんにぎゃふんと凹まされたというエピソードです。

たしか鶴見さんの『語りつぐ戦後史』での丸山真男さんとの対談に出てくると思いますが、面白いことに、はじめて私が吉本隆明さんにお会いしたときに、私が受けた鶴見さんへの寸評も、これと類したことでした。もう正確な言い方は忘れたのですが、私が鶴見さんに私淑していることを知っている吉本さんが、でも鶴見さんって、ちょっと、ズレてるところがないですか、というようなことを言ったのに、私は、「でも、そこが面白いんじゃないかと思うんです」とお答えしたことをおぼえています。

うさんくさい、わざとらしい、不自然。

そういうものがいい。

私の勤めていた国会図書館の標語は、「真理が我等を自由にする」なのですが、それとは逆に、「うさんくさい、わざとらしい、不自然である」、それらのことが、私には、自由の湧き出てくる泉のように感じられるようになった。「そこにどうしても入ってしまう不自然さ、それがわたしを自由にする」。それが、私が鶴見さんからもらった個人用の標語だったと思います。

書くことは、不自然に考えること

一言で言うと、それは、「不自然であること」は、「自然であること」よりもほんの少し、深くて広い、ということです。「不自然に考えること」は「自然に考えること」よりもほんの少し深くて広い。そして「書くこと」とは、鶴見さんの詩にあるように、「不自然に考えること」なのです。

そのことは、書くことと考えることの差としてはっきりと存在しています。

「考える」ということと、「書く」こととは、だいたい重なりますが、書くことのほうが、ほんの少し範囲が広い。それは、人は考えることをふだんは文字を使わないで頭の中で言葉を転がして行っているのですが、文字を使わないで用いられる言葉を話し言葉、文字を使って用いられる言葉を書き言葉と区別してみると、話し言葉よりも書き言葉のほうが、ほんの少し、広いからです。

書き言葉ではできるが、話し言葉ではできない表現というものがあります。一番名高いのは、ジャック・デリダが『声と現象』という本のエピグラムに用いていますが、「私は死んでいる」という言葉です。死んだ人間は、言葉を発することができない。ですから、「私は死んでいる」という表現はありえません。しかし、書き言葉でなら、そういう存在を、作ることはできる。エドガー・アラン・ポーが「ヴァルデマール氏の病相」という短編で、そういう物語を作り、そこで登場人物が、そのままではないが、そういう意味のことを叫びます。その科白を、ジャック・デリダが、書き言葉の不思議さを示す例として、あげているのです。

こんな話です。語り手の私が、瀕死の知人ヴァルデマール氏に頼まれ、死の寸前に催眠術をかける。術をかけられたヴァルデマール氏は、そこで凍結されてしまう。生きているのでもない、死んでいるのでもない、という中間地帯で、催眠術にかかる。そしてそのまま、眠りつづける。半年後、調査に訪れた医師団を前に、私が間違って、術を一部、解いてしまう。すると、ヴァルデマール氏の青黒い苔で覆われた舌が動きだし、顔が動き、「私は死んでいるのでも、生きているのでもない。どちらかにしてくれ……」と叫ぶ。我を失って私が術を全部解いてしまうと、あっというまに死体が腐乱し、肉汁が溶け落ち、最後、白骨死体だけがベッドの上に残った、というのです。

そこでは、登場人物が、「私は死んでいる」と言いうる状態におかれる。しかし、それが可能なのは、これが書き言葉だからだとわかります。

それを、「書く」ことには、「考える」ことを逸脱する動きがあるんだ、そしてそれが「書くこと」の本質なんだ、と考えてみましょう。そうすると、二つの話がつながります。

私は、鶴見さんの授業に出席し、その謦咳に接するようになってはじめて、ああ、この人は、かなり「おだやかでない」もの——狂気のようなもの——を身中に蔵した人だと、思ったのですが、この「狂気」の印象は、鶴見さんの「書くもの」の中に、はっきりとして痕跡を残しているし、それだけでなく、「書くこと」と深く結びついているのです。

どういうことか。

ふつう、知識人と言われるような人は、「考える」ことの延長で、「書き」ます。ですから、そこに書かれることは、だいたい世の中に関係することで、社会的なことです。書かれるものが、その人の知識人としての活動をはみ出るということは、余りありません。たとえば、社会科学者、自然科学者の書かれるものには、そういうものが多いと思います。中には、丸山真男のように狂気をひめた社会科学者もいるでしょうし、都留重人のように類い希な文才をひめた社会科学者もいます。しかし、たとえば丸山真男が詩を書いたかどうかはわからない。都留さんについても同じです。鶴見俊輔の書くものは、そういう意味では、異彩を放っています。なぜなら、鶴見さんは、だいぶ以前から、勝手に、誰に頼まれたわけでもないのに、「詩」のようなものを書いてきたからです。それらをリトル・マガジンに書いたりしていて、しかも、誰もあまり注目しなかっただろうに、自分ではそのことに大きな意味を見出していた。しかし、それだけではありません。このあり方は、その「書くもの」のジャンルが広いというだけでなく、ふつうに書かれるものの内容が社会的なことがらを大きく、深くはみ出る広がりをもっているというように現れもすれば、たとえ社会的なことがら、政治的なことがらを扱っていても、そこでの扱われ方が社会的なこと、政治的なことを深く抜け出ている、というようにも現れています。「書くこと」がホムンクルスのように「考えること」の内奥に住まっていることが、鶴見さんの「考えること」の一つの特徴であり、本質でもあると見えてくるのです。

「なれなかったもの」

そういう意味で、昨年、鶴見さんは一つ、面白い文章を書かれました。

三・一一以後、八十九歳になって、鶴見さんは、一つの告白をされたのかもしれません。それが、やはり黒川創さんらが編集して今年出た『日本人は状況から何をまなぶか』という本に収録されています。「なれなかったもの」という二〇一一年七月十四日の京都新聞の夕刊に載った文章がそれです。そこには「自分がなれなかったもの」「なろうとしなかったもの」について記されています。そして、こう書かれています。自分がなれなかったものは何かと考えていくと、自分が（なろうとして）やめたものにたどり着く。そして「それが自分の根拠をつくっ」ていることに気づく、と。

なり得なかったものをひとつひとつ確かめてゆくと、自分でやめたことにゆきつく。それが自分の根拠をつくった。

戦争中、ジャワとシンガポールにいて、敵側の短波放送をきいて自分ひとりで新聞をつくり、太平洋上の艦隊の司令官と参謀に送る仕事を続け、胸部カリエスで内地に送還されてから、しばらくの自宅療養の期間を得て、二つ小説を書いた。

「戦中の記」、「滝壺近く」の二つ。（「なれなかったもの」）

その二つの小説の底に、ともに、人を殺したくない、ということがあった。しかし、「一五歳から一九歳の終わりまで英語で生きていて、急に日本語に切り替えたので、二〇歳に達して」そのとき、書く言葉になじめなかった。『脳髄の機能』という英語の本の日本語訳を読んでも「読めはするが」「『脳髄』と書けない。『ブレイン』と書いてメモをつくるほかなかった」。

こういう日本語で書きあげた長編二つは、読み返してみると私自身もよいと思えるものではなかった。戦争の続くあいだは人の目に触れないように隠し通した。しかし、敗戦後になっても、発表しなかった自分の決断に、私は納得する。その後、私の書いたものは、論文を含め、このとき地中に埋めた二つの小説から生え出た。(同前)

鶴見さんは八十歳を越えたあたりからいくつもの回顧を含む談話や聞き書きや座談を発表しています。ことによれば、そのどこかで、このことは語られていて、それを私が知らないだけかもしれないのですが、私は、この話を、この短文で、はじめて知りました。興味深い鶴見さんの告白、感想として読みました。さりげない形で語られていますが、ことによれば、重大な告白かもしれません。つまり、ここで鶴見さんは、自分にとって「書くこと」は「考えること」よりも深い。また先行していた、と言っています。「自分の書いてきたもの」つまり「考えてきたこと」は、古事記でスサノオに殺された神から五穀が出てくるのと同じく、地中に埋められた「書くこと」の遺骸の上に生え出た、五穀のようなものだった、と言うのです。

ここで大事なことは、鶴見さんが戦時中、日本語で論文を発表する前に、内地に送還された療養中に、小説を二編書いたことがある、ということではありません。そういうことなら、若い頃に小説を書こうとした人は社会科学者、言論人のうちにたくさんいるはずで、これは鶴見さんに限ったことではないからです。大事なのは、八十九歳になって、鶴見さんのうちに、自分のすべての「考えること」の根源に「書くこと」があったと、いま、見えていることでしょう。

しかし、どう考えても、自分の書いた論文、エッセイ、それらが、誰にも見せなかった二編の小説から「生えでた」と思っている、と晩年に書く思想家は、そんなにはいないと言わなければなりません。

3　書くことの広がりのなかで

詩、エッセイ、読書、編集

そして、事実、いったんそのような「考えること」の一歩手前にある「書くこと」の深さ、広がり、ということを念頭に鶴見さんのこれまで書かれてきたもの、考えられてきたことを見渡すと、鶴見さんが言うように、そこには、他の言論人、知識人には見られない特徴のあることに気づきます。

わかりやすいほうから言うと、それは、知識人、言論人であるほかに、詩人ではないのに、詩を書く人であること、エッセイストではないのに、不思議な文章、エッセイとしか言いようのないものを書く人、また、ありとあらゆる領域の本を楽しんで読む人、さらに言えば、たぶんギネスブックに載るくらい本当は長い期間、編集人であり続けた人だということです。

たとえば、戦後思想という範疇があるとすれば、そこにはどう考えても鶴見俊輔さんは入ります。その中核を占めます。しかし、吉本隆明、鶴見俊輔を中心に、竹内好、埴谷雄高、大岡昇平、武田泰淳から、左は大西巨人、中野重治、花田清輝、右は江藤淳、福田恆存まで、ざっとそこに戦後思想の担い手をあげていくと、これらの人々がすべて文学者で、なかで例外が、鶴見一人であることがわかります。これに対し、丸山真男、日高六郎、久野収、大塚久雄、桑原武夫、川島武宜、武谷三男、加藤周一といった近代主義的な観点を多く含む知識人を置いてみると、桑原が例外として浮かび出てくる。京大人文研に鶴見を招聘したのが所長桑原武夫ですが、両者の領域横断性というものが見えてくるのも、面白いところです。文学者ではないのに、文学にまで偏差し、ズレてきているのが鶴見で、社会科学者ではなく文学者なのに、近代合理主義まで偏差し、ズレてきているのが、桑原なのです。

詩のようなもの

さて、「書くこと」は鶴見の「考えること」にどのような力を与えているのでしょうか。ここでは、手がかりに、まず、「詩」を取りあげてみます。先に述べたように、鶴見がところどころに出来てしまったものを載せる形で発表したものに注目して、黒川さんが集めて作った詩集が、二〇〇三年の『もうろくの春　鶴見俊輔詩集』で、これは三〇〇部限定で出版されています。その後、増刷されたかもしれませんが。また、他に、思潮社から「詩の森文庫」の一冊として、『詩と自由　恋と革命』と題する詩文に詩人論を加えたものが出ています。俳人で編集者でもある斎藤慎爾さんの編集ですが、他にはわずかに埴谷雄高がいるだけで、ほかのコレクションの書き手はすべて詩人です。これも、「考える人　鶴見俊輔」の特異な一面を示すものでしょう。

私が鶴見さんの詩を読んだ最初の機会は、一九六八年に文藝春秋から出た「人と思想」というシリーズのうちの一冊、『不定形の思想』というものです。これは、この時代の主要な知識人、言論人から何人かをえりすぐったコレクションらしく、ほかに石田英一郎、伊藤整、臼井吉見、江藤淳、岡本太郎、小田実などの名が見えます。江藤淳の本には「気鋭の批評家江藤淳がこの二十年の業績を問う社会評論集！」とあり、小田実の本には、「小田実の内面をダイナミックにたどる。エッセイ代表選集」、岡本太郎の本には「問題提起の論集」とあり、編集にはかなりの幅があることがわかりますが、鶴見さんの本は、それにしてもなかでかなり異色な編集ぶりだったろうと思うのです。

というのも、この鶴見俊輔アンソロジーは、第一部が「言語哲学」、第二部が「日本の思想問題」をめぐる論考を集めた後、第三部として、「私の本」と「詩」に分け、「かるた」「苔のある日記」「退行計画」のような心の奥底のつぶやきのような書き物、それから「くわいの歌」「KAKI NO KI」といった詩を載せているからです。この第三部が「書く人　鶴見俊輔」の場所になっています。「かるた」は一九五一年六月号の『文芸』、「退行計画」は一九六八年三月が初出。「かるた」はその前々年からの鬱病発症の産物だったかもしれません。詩のほうは、五〇年代に書かれた三編と六六年に書かれた三編の計六編。すべて「今日」とか「ゲリラ」とか私には未知のタイトルの小さな雑誌に載ったもので、たぶん一般読者は、このアンソロジーではじめて、鶴見俊輔がこんな奇妙な「詩のようなもの」を書いていることに気づいたはずです。「詩」というのは、例をあげれば、たとえばこういうものです。

らくだの葬式

らくだの馬さんが
なくなって
くず屋の背なかに
おぶわせられた
――此処から墓地までだいぶある

くず屋があるけば
馬さんもあるく
ひょこたん　ひょこたん
――やりきれないね

くず屋があるけば
馬さんも歩く
ひょこたん　ひょこたん
――でも仕方がないよ

弦書房
出版案内

2025年初夏

『水俣物語』より
写真・小柴一良（第44回土門拳賞受賞）

弦書房

〒810-0041　福岡市中央区大名2-2-43-301
電話　092(726)9885　FAX　092(726)9886
URL　http://genshobo.com/　E-mail　books@genshobo.com

◆表示価格はすべて税別です
◆送料無料（ただし、1000円未満の場合は送料 250円を申し受けます）
◆図書目録請求呈

◆渡辺京二史学への入門書

渡辺京二論 隠れた小径を行く

三浦小太郎 渡辺京二が一貫して手放さなかったものとは何か。「小さきものの死」から絶筆『小さきものの近代』まで、全著作を読み解き、広大な思想の軌跡をたどる。

2200円

渡辺京二の近代素描4作品（時代順）

＊「近代」をとらえ直すための壮大な思想と構想の軌跡

日本近世の起源 戦国乱世から徳川の平和へ

室町後期・戦国期の社会的活力をとらえ直し、徳川期の平和がどういう経緯で形成されたのかを解き明かす。

【新装版】1900円

黒船前夜 ロシア・アイヌ・日本の三国志

◆甦る18世紀のロシアと日本 ペリー来航以前、ロシアはどのようにして日本の北辺を騒がせるようになったのか。

【新装版】2200円

江戸という幻景【新装版】

江戸は近代とちがうからこそおもしろい。『逝きし世の面影』の姉妹版。

1800円

小さきものの近代 1・2（全2巻）

明治維新以後、国民的自覚を強制された時代を生きた日本人ひとりひとりの「維新」を鮮やかに描く。第二十章「激[illegible]で色[illegible]・未完。

各3000円

潜伏キリシタン関連本

かくれキリシタンの起源 信仰と信者の実相

【新装版】

中園成生 「禁教で変容した信仰」という従来のイメージをくつがえす。なぜ二五〇年にわたる禁教時代に耐えられたのか。

2800円

FUKUOKA Uブックレット⑨

かくれキリシタンとは何か オラショを巡る旅

中園成生 四〇〇年間変わらなかった信仰——現在も続くかくれキリシタン信仰の歴史とその真の姿に迫るフィールドワーク。

680円

日本二十六聖人 三木パウロ 殉教への道

玉木譲 二十六人大殉教の衝撃がもたらしたものとは。その代表的存在、三木パウロの実像をたどる。

2200円

天草島原一揆後を治めた代官 鈴木重成

田口孝雄 一揆後の疲弊しきった天草と島原で、戦後処理と治国安民を12年にわたって成し遂げた徳川家の側近の人物像。

2200円

天草キリシタン紀行 﨑津・大江・キリシタンゆかりの地

小林健浩［編］﨑津・大江・本渡教会主任司祭［監修］ 隠れ部屋や家庭祭壇、ミサの光景など﨑津集落を中心に貴重な写真二〇〇点と四五〇年の天草キリスト教史をたどる資料

◆水俣病公式確認69年◆

◆第44回 土門拳賞受賞

水俣物語 MINAMATA STORY 1971～2024

小柴一良　生活者の視点から撮影された写真二五一点が、静かな怒りと鎮魂の思いと共に胸を打つ。　3000円

【新装版】

死民と日常 私の水俣病闘争

渡辺京二　著者初の水俣病闘争論集。市民運動とは一線を画した〈闘争〉の本質を語る注目の一冊。　1900円

8のテーマで読む水俣病

高峰武　これから知りたい人のための入門書。学びの手がかりを「8のテーマ」で語り、最新情報も収録した一冊。　2000円

非観光的な場所への旅

満腹の惑星 誰が飯にありつけるのか

木村聡　問題を抱えた、世界各地で生きる人々の御馳走風景を訪ねたフードドキュメンタリー。　2100円

不謹慎な旅 1・2 負の記憶を巡る「ダークツーリズム」

木村聡　哀しみの記憶を宿す、負の遺産をめぐる場所へご案内。40+35の旅のかたちを写真とともにルポ。　各2000円

戦後八〇年

占領と引揚げの肖像 BEPPU 1945-1956

下川正晴　占領軍と引揚げ者でひしめく街、別府がBEPPUであった頃の戦後史。地域戦後史を東アジアの視野から再検証。　2200円

十五年戦争と軍都・佐伯 ある地方都市の軍国化と戦後復興

軸丸浩　満州事変勃発から太平洋戦争終結まで、連合艦隊・海軍航空隊と共存した地方都市＝軍都の戦中戦後。　2000円

戦場の漂流者 千二百分の一の二等兵

語り・半田正夫／文・稲垣尚友　戦場を日常のごとく生き抜いた最下層兵の驚異的漂流記。　1800円

占領下のトカラ 北緯三十度以南で生きる

語り・半田正夫／文・稲垣尚友　米軍の軍政下にあった当時、島民の世話役として生きた帰還兵の真実の声。　1800円

占領下の新聞 別府からみた戦後ニッポン

白土康代　別府で昭和21年3月から24年10月までにGHQの検閲を受け発行された52種類の新聞がプランゲ文庫から甦る。　2100円

日本統治下の朝鮮シネマ群像 《戦争と近代の同時代史》

下川正晴　一九三〇～四〇年代、日本統治下の国策映画と日朝映画人の個人史をもとに、当時の実相に迫る。　2200円

近代化遺産シリーズ

産業遺産巡礼《日本編》

市原猛志　全国津々浦々20年におよぶ調査の中から、選りすぐりの212か所を掲載。写真六〇〇点以上。その遺産はなぜそこにあるのか。

２２００円

九州遺産《近現代遺産編101》

【好評12刷】

砂田光紀　世界遺産「明治日本の産業革命遺産」九州内の主要な遺産群を収録。八幡製鉄所、三池炭鉱、集成館、軍艦島、三菱長崎造船所など101施設を紹介。

２０００円

肥薩線の近代化遺産

熊本産業遺産研究会[編]　全国屈指の鉄道ファン人気の路線。二〇二〇年の水害で流失した「球磨川第一橋梁」など、建造物・構造物の姿を写真と文で記録した貴重な一冊。

２１００円

熊本の近代化遺産 上 下

熊本産業遺産研究会・熊本まちなみトラスト

熊本県下の遺産を全2巻で紹介。世界遺産推薦の「三角港」「万田坑」を含む貴重な遺産を収録。

各１９００円

北九州の近代化遺産

北九州地域史研究会編　日本の近代化遺産の密集地北九州。産業・軍事・商業・生活遺産など60ヶ所を案内。

２２００円

比較文化という道

歴史を複眼で見る ２０１４～２０２４

平川祐弘　鷗外、漱石、紫式部も、複眼の視角でとらえて語る。ダンテ『神曲』の翻訳者、比較文化関係論の碩学による84の卓見。

２１００円

メタファー思考は科学の母

大嶋仁　心の傷は過去の記憶を再生し誰かに伝えることでいやされていく。その文学的思考の大切さを説く。

１９００円

生きた言語とは何か 思考停止への警鐘

大嶋仁　なぜ私たちは、実感のない言葉に惑わされるのか。文学・科学の両面から考察。

１９００円

比較文学論集 日本・中国・ロシア
《金原理先生と清水孝純先生を偲んで》

日本比較文学会九州支部[編]西槇偉[監修]　安部公房、漱石、司馬遷、プルースト等を軸に、最新の比較文学論を展開。

２８００円

[新編] 荒野に立つ虹

渡辺京二　行きづまった現代文明をどう見極めればよいのか。二つの課題と対峙した思索の書。

２７００円

玄洋社とは何者か

浦辺登　テロリスト集団という虚像から自由民権団体という実像へ修正を迫る。近代史の穴を埋める労作！

２０００円

◆各種出版承ります

歴史書、画文集、句歌集、詩集、随筆集など様々な分野の本作りを行っています。ぜひお気軽にご連絡ください。

☎092・726・9885
e-mail books@genshobo.com

馬さんがあるけば
くず屋もあるく
ひょこたん　ひょこたん

らくだの馬さんって何なのか、それがくず屋におぶさる。なんだか、第一次世界大戦後の表現主義の絵を見ているような、手足がバラバラにされた上でもう一度つなぎ合わされた身体をみているような、不思議な図柄です。

あるいは、

KAKI NO KI

Kaki no ki wa
Kaki no ki de aru
Koto ni yotte
Basserarete iru no ni
Naze sono kaki no ki ni

Kizu o tsuke yo to
Suru no daro

Kaki no ki no kawa ni
Tsume ato ga nokore ba
Utsukusiku naru to omotte iru no ka

Basserareru koto ni yotte
Yoku naru to demo omotte iru no ka

最初の詩から行くと、これは、よい詩を書く、とか、詩というものがどういうものか、というような専門的な詩のレベルのほうが、ずいぶんと気楽なもんだなあ、教室内での論議だなあ、と思えるような詩ですね。そういうレベルからすっかり脱落した、教室の外、学校敷地外の地べたで、これしか言葉が出てこないというようにして書かれた「ただの言葉」、「ボロ切れみたいな言葉」でできた詩という感じがします。

もう何十年も前、大麻だったかを持参した西ドイツの若者が、逮捕、収監され、刑務所で壁によりかかったところ、看守に禁止され、最後、自殺するという事件が起こったことがあります。その事件を報道した朝日新聞の記事に、この若者について「自称詩人」と書いてあるのを読んで、しかし、「詩人」というのは、ほんらい、「自称」することが本当の職業なのではないだろうか、と思ったことをおぼえています。ソ連からの亡命詩人ヨシフ・ブロツキーのノーベル賞受賞講演は「私人」と題されていて、「詩人」を自称したため、拘束され、収監され、その後、亡命して英語で詩を書くようになった経緯が語られていますが、「詩人」の中核には、「私人」(私的な存在)がある、と述べています。そのあたりのことまで、一気に考えさせる、ごくごく私的な詩なのです。

ボロ切れのような言葉で、詩の世界では、何ら評価されないかもしれないが、蟷螂の斧のようなこの言葉の固まり一つで、専門的な詩の世界の全体と向き合っています。そして、何が書かれているかというと、なくなって死んだ人と、その人を運ぶ人が、ひと組になって、仲間になって、主客が逆になるような境地がうたわれています。だんだん力がなくなっていくと、生きていることと死んでいることの区別がつかなくなる。どちらが死人でどちらが運搬人かごっちゃになってくる。すると、死んでいることにも少し、力がわいてくる、ひょこたん、ひょこたん、と。みたいな、不思議な詩ですね。

後の詩は、ローマ字で、柿の木のことが書いてあります。柿の木というのは、親に痛めつけられた子供なのでしょう。柿の木は柿の木であることで――人は人であることで、つまり生まれてきたということだけで――、既に罰せられている。それなのに、なぜそれにさらに傷をつけようとするのだろう。皮に爪痕が付くと美しくなると思っているのか、罰せられることでよくなるとでも思っているのか、と言うのです。

この詩が面白いのは、誰が、これを言っているのだろう、という問いが、最後に、浮かんでくるところでしょう。柿の木がそう思っているのかもしれない。あるいは、その柿の木を鏡の中に見ている誰かが、ということは、柿の木自身かもしれないのですが、そういう柿の木の「自分」が、自分を見て、そう呟いているのかもしれない。でも、柿の木よりも強い場所から、高い場所から、これを言っているのではないし、柿の木のある場所が低い位置になるような関係で、高い場所に向かって、これはおかしいゾ、と言っているのでもない。これはおかしいゾと、おかしい目にあっている柿の木と同じ低さ、同じ高さで、このことが言われているので、それは、たとえば子供を抑圧する母親に対する、そびえ立つ母親への子供からの抗議というものにはならないで、「そういうもの」を横に見て、子供が一人、人間の世界について考えている。その呟きというように聞こえます。何か、はっきりとした関係がない、ばらばらになったままつながっている。そういう世界ですね。

この二つの詩の、そのいずれでも、言葉の出所が、とても深い。言葉が、家の暗がりの闇、人の暗がりの闇、そこでの苦しさ、につながっています。私的な苦しみと、人類の苦しみが、隣り合っています。

時に人はこういう形で、ぼそっと呟くようにしか――その結果、一部を「書くこと」でしか――、そこに触れられないし、また時にその苦しさは、「書くこと」でしか、和らげられないのかもしれません。

根こそぎの経験

ではその言葉の出所とは何なのか、ということになりますが、私の考えはこうです。

鶴見さんとおつきあいしていて感じたことの一つは、この人は、一度、根こそぎにされた人だな、ということでした。家族関係からも、家からも、国からも、言葉からも、一度根こそぎにされている。そういう根こぎにされた子供、という存在がその言葉の根源にいるものです。鶴見さん同様に、鶴見さんに紹介され、フランス語系の私の勤める大学にその後、多田道太郎さんに来て頂いたのですが、多田さんは、根が京都、関西に繋がった人、という意味で、根生いの子、これに対し、鶴見さんは根こぎの子だな、とお二人を比較して、考えてみたことがあります（事実、鶴見さんは、東京に生まれたのですが、もう長い間、京都に住み続けています）。

そのときの発見は、鶴見さんにどう考えても似合わないのは、「しみじみ」という情感だ、それに違いない、ということでした。鶴見さんは、「しみじみ」という情感を一度も感じたことがないかもしれない、私は「しみじみ」という情感にひたっている鶴見俊輔を想像することができません。そう言えば、私が、この人を「狂気の人」だと思った、ということの中身が、少しわかってもらえるのではないかとも思います。

こうして、いずれにしても、社会のことが、社会から考えられるのではない。その一歩手前、人間の場所から考えられている。人間のことが人間から考えられるのではない。その一歩手前、生き物の場所から考えられている。生き物のことが生き物の場所から考えられているのではない。その一歩手前、モノの場所から考えられている、というような「一歩手前の広がり」を、鶴見さんの書くもの、考えられることがらが、つねに私たちに感じさせるということが起こってきます。

その底にあるのは、どういう力なのでしょうか。

4　退行すること

「退行計画」

たとえば、鶴見さんの書くものの中では、五歳と四十五歳と八十九歳が、とだえることなくつながっています。もちろん、経験は人を鍛え、学ばせ、変えるのですが、子供の頃は純粋だったとか、大人になって変わった、というようなことは、一度根こそぎにされた存在である鶴見俊輔の中に、起こっていないのです。二歳から八十九歳まで、一人の人間が、つながっています。それこそ、ホムンクルスのように、小さな人が、鶴見さんの中に、ずぅっと生きているのです。

先に、鶴見俊輔は、ギネスブックに載ってもよいくらいの長期間にわたる編集者だったという話をしました。それは、一九四六年五月から一九九六年五月まで、まる五十年間、『思想の科学』の第一線の実質的な編集者であり続けたという事実をさしています。でも、それより、もっと長い記録がある、と私はひそかに思っています。鶴見俊輔は、二歳から九十歳まで、鶴見俊輔であり続けている。そういう意味でも、ギネスものなのではないか、と思うのです。

そのことをもっともよく示す文章の一つに、「退行計画」があります。これは、一九六八年三月号に雑誌『展望』に載った文章ですが、翌月、四月には、先の『不定形の思想』に収録されています。鶴見にとって、特別な文章であることがそこからも伺えるのですが、断片を並べただけの、不思議な文章で、なかに、たとえば、こんな断章があります。

こどものころ、何かの目的をもって道を歩くのにあきて、道ばたにすわってしまうことが、よくあった。

やはり、そういう時、夏のさかりだったと思うが、あぶが、はいが、そばをぶんぶん音をたてて飛んでいた。

道ばたの草のなかにすわっていて、ふと、このあぶの羽音も、はいの羽音も、それをきいているいまの自分の気もちも、書きしるされることなく過ぎていってしまうのだな、と思った。その時のへんな淋しさを、何度も、そのあとで思いだした。

今ふりかえると、八月の草いきれ、あぶとはいの羽音は、四十年ちかくも前とおなじようにはっきりとあらわれてくるが、それと一緒にあった感情は、もうない。書き残されず、知られずにおわることがあるとして、それが人間にとって何か。自分にとって何か。(「退行計画」)

「はい」というのが面白い。書いているのは四五歳の鶴見さんなのですが、そのなかに五歳の幼児がそのまま生きている。その幼児が、「蠅」ではなく「はい」と言っているかのようです。筑摩書房の『展望』の校正、文藝春秋の校正をへて、この「はい」が残っているのは、「蠅」という指摘を、書き手が、無視して、二度まで「イキ」としたせいかもしれません。続けて、
記録されるとして、また知られるとしても、それじしんがつかのまのことに過ぎないし、神によって確実に知られるとしても、それが自分にとって何か。

むしろ、神によってさえ知られないということのうちに、かけがえのない、ひそかなたのしみがある。（同前）

あるいは、

二歳の時には、その半年まえのことをはっきりとおぼえていた。三歳になると、あのことを、一年前までは、はっきりとおぼえていたのだがな、という記憶の記憶に変わってしまう。枯れ葉の山のようなその代理記憶の集積。

時代区分というのは、へんなものだな。二歳の時には、それまでの自分の生涯についての時代区分があった。三歳の時には、もう前の時代区分は薄れて、別の時代区分になった。（同前）

ところで、この文章について、京大人文研の同年生まれの同僚で、哲学者でありながら法然院の貫首ともなった橋本峰雄さんが、面白いことを書いています。

「鶴見さんは私にとってつねに見上げる存在である」というのが著作集月報に載ったその文章の冒頭です。同年代で、敬意を抱く思想家は数多いが、「見上げる」という気持ちにならされるのは、鶴見以外にない。それは結核のため、自分が人文研助手の採用内定を取り消されたとき、所長の桑原武夫がそれを病床に言いにきた。そのとき、病臥する自分からは見上げる姿勢で、今度来る新しい助教授鶴見の「優秀さ」を延々と聞かされた。その時からの、自分の中に刷り込まれてしまったへたりの印象かもしれない。

しかし、それにしても、京大人文研では、鶴見は特別の存在であった、とこの文章（「鶴見さんの宗教性」）は続きます。なかなかこの橋本という人も容易ならざる人だなと思わせる文章なのです。所長の桑原武夫が、秀才揃いの所員中、鶴見だけを「鶴見君」ではなく「俊ちゃん」と呼んでいた。なぜ、桑原さんは鶴見さんをそれほど特別扱いするのか。そう書いて、橋本は、桑原が、鶴見の著作集の推薦文に、自分に及ばないところが鶴見にはある、それは、鶴見の宗教性だ、と書いているのに触れ、こう言います。それはそうかもしれない。桑原さんは鶴見さんに、自分よりも深いものがあると感じ、それを尊重した、それが「俊ちゃん」になったのだろう。しかし、自分はその種の宗教性にそうたやすく納得はしない。これは奇妙に骨のある、反桑原、反鶴見の文章なのです。

そして、こう続く。鶴見さんは家庭的には「母親」、社会的には「アメリカ」への抵抗を起点に思想を培ってきたようだ。そこから他者への献身も生まれてきたのだろう。しかし、そういう宗教性めいた「厭世観」も、結局、鶴見さんの「毛並みのよさだけのかなしさ」じゃないだろうか。自分はそう考えてきた。しかし、その考えが、この「退行計画」を読んで、ひっくりかえった。

それが鶴見さんのエッセイ「退行計画」でほんとにびっくりしてしまった。これじゃあ、まったく仏教じゃないか。こういう「死との和解」に俊才・鶴見さんの宗教性があったことになる。それは「死者らしい寛大さ」でものを幾重にも「誤解」することである。（「鶴見さんの宗教性」）

ここで言われている橋本峰雄の指摘が、素晴らしい。橋本は言います。鶴見の仕事は、「クリアでないなかからクリアなものを作り出す」という方向よりも「クリアだとされているもろもろのことに切り込んで、一見クリアであるものをクリアでないところに引き下ろし、解体することであった」。

「批判」のすえに、「退行計画」のいい方によるような「空」がある。仏教的でなくてなんであろうか。そして、「色即是空」から「空即是色」へと、アナキズム的世界像を説教するところまではゆかないで「退行」である。

こう書いて、こういう「宗教性」において「やっと私は鶴見さんへのおびえをいくらか薄められる」、「見上げる気持の性質がいくらか変容する」、そう書き終えているのです。

「死者らしい寛大さ」でものを幾重にも「誤解」すること

どういうことか。簡単に言えば、自分の見方は師の桑原武夫とは違う。鶴見の宗教性とは何か。それを自分は、「人々の幸福増進のための献身性」という上向性にではなく、むしろその「退行」の深さに見る、と言うのです。

その退行することの深さが、「『死者らしい寛大さ』でものを幾重にも『誤解』する」という見事な言葉で、示されている、と感じます。

ここは、吉本さんの場合だと、往相と還相になりますね。道元のような大秀才、学の天才が山に登って密教仏教を極める、これは難行であり、往相なのですが、すると、その後に出てきた法然が、やはり大秀才、天才でありつつ、今度は、山に登って学んで、里に下りてくる。そして、親鸞にいたり、ただ、南無阿弥陀仏と唱えればよいのだ、という非僧非俗の易行になる。吉本さんは、黙っていたら上に上向するエレヴェーターを下に降りるようなあり方が「知」には必要だと言った。これが、吉本さんの言う還相で、その下方の根源に、「大衆の原像」がある、という。でも、鶴見さんは、気がついたら、山の上にいたので、そこから、退行する。知的に物心がついてからは、「退行」だけ、そこに自由がひらけてくる、というあり方なのです。

どこまでも「退行していくこと」は、何度か深い鬱病に悩まされ、苦しんだ鶴見さんには親しい精神の道行きであったろうと思います。いまの言葉で言えば、「ひきこもり」にもつながる。鶴見さんは、これまでの生涯に二度、鬱病で病院に入院されているはずです。退行し、退行し、退行する。その果てに、脱力の果ての「死とのとりまぜ」がある。あの、ひょこたん、ひょこたん、の境地です。しかし、「死者らしい寛大さ」とは、何と素晴らしい言葉でしょうか。死者であることが、そこで寛大でありうることと、捉えられているだろうし、寛大をどこまでも追っていくと、その寛大の持ち主＝主体は、自分を薄くして薄くして、最後、ほぼ透明みたいな存在になってしまうのか、とも思われてきます。そういう「死者らしい寛大さ」で、もの――考える相手でしょうか――、これを幾重にも「誤解」すること、それが「退行計画」に現れている宗教性だというのです。

その意味が何かは、皆さんに、この言葉を転がして、わからないままに味わって頂きたいと思います。イヤ、私にも、ああ、いい言葉だなあ、という以上にはわからないのです。ただ、ここまでくると、わからないでいいのだ、ということがわかるように思えるのです。

さて、一つはっきりしているのは、この「退行」が、考えることによっては遂行できない、そういう易行となっていると見えることとです。「考える」ことは人を前に運びます。人は「書くこと」によってしか、いよいよかよわく、ふらふらと、虫けらのようになる道、退行する道をたどることはできません。私にはそう感じられます。書くことの力とは、何なのか。それは、「退行」を人に許すことでしょう。私はそう思います。そしてそれが、鶴見俊輔という思想家が、他の誰とも違う、ある深さと、ある「強さ」をもっていることの秘密だろうと思うのです。

そのことは、鶴見さんの考えることが、そのうちに、正規のあり方で考えることからズレ、はみでるものを、本質として抱えているということとです。しかし、そうであればこそ、鶴見さんのうちには、リベラルであり、穏やかでありつつ、その内奥に、つねにそこから偏差し、ズレていく極端なものへの運動、傾向が内蔵されているのでしょう。このあり方が、鶴見さんの「書くこと」を通じて、「考えること」のうちに、それ自体がズレ、逸脱であるような一つの自由、うさんくさいことの自由として、生きているのだと思います。

終わりに

うさんくささ、根こそぎ、退行

ここに述べたことは、鶴見俊輔のもっている意味、可能性のごく一部にすぎません。本当は、もっと大事なたくさんのことについて、お話すべきだったかもわかりません。しかし、私には、三十代のはじめ、鶴見さんに出会い、なにごとかを学び、助けられたという気持ちがあります。今日はそのことを、お話したいと思いました。

いったい私はなぜ、何を学んで、鶴見に助けられたのでしょうか。

一つは、自分と世界の間をつなぐ手がかりを与えられました。具体的に言えば、私は学生の頃にもっていたラディカルな思いというものを捨て去りがたく、そのため、時代が変わった後、これに代わるリベラルというあり方を自分に許すことができなかったのですが、もしリベラルというあり方を強くできれば、「非常におだやかでない」ものを抱え、ある意味で「気違いじみたこと」を抱えながらも、「リベラル」であることはできるという実例を鶴見に示されたということになります。それは、別に言えば、自分を二つにもつ、ということです。自分の中に、二人の自分をもてば、自分は揺らぎ、そこからリズムも生まれる。生きることは可能になる、という感じです。

もう一つは、うさんくさいもの、不自然なもの、信用のならないもののなかで、真実は、切実に生きている、ということです。信頼に足るもののなかで、真実は、しっかり生きているのですが、うさんくさいもの、不自然なもの、のなかでは、真実は、おっとっと、というように、ふらふらと、足をよろめかしながら、しかし、切実に、生彩をもって生きています。その様相を捉えよ。それが、自分から、はみでていくコツだ。

ここでは、この二つを、鶴見さんから私が教えられたこと、鶴見さんからのギフトだったと申し上げたいと思います。

「書く人　鶴見俊輔」の中には根こそぎになったものがあって、それが鶴見さんの中の退行をゆったりした流れにしています。私がいつも、鶴見さんの書くものの底に感じる、鼓動にも似たリズムです。

〔対談〕鶴見俊輔を語る

安立清史〔九州大学教授〕　みなさん、こんにちは。今日は黒川さんと加藤さんから大変に刺激的なお話をいただきました。私たちも、福岡には何度も鶴見俊輔さんをお招きして感銘するお話しを聞いてきたのですが、今日のお二人のお話は、また別の角度からの光源をいただいたと思います。お二人のお話をお聞きしながら、より理解を深めるための補助線がほしいな、と思う部分がございました。そこで少し今日の振り返りをしながら、いくつか質問をしてみたいと思います。また、フロアからもいろいろとご質問をいただいておりますので、それも含めて進めていきたいと思います。

今日のお話を伺いながらの私の感想は、黒川さんには、鶴見さんの人生を振り返っていただきながら、ひとつの連続体というか連続線としての鶴見さんの人生のあり方を解説していただいたのではないかと思います。加藤さんのお話は、逆の角度から、鶴見さんの中にひそむ不連続体あるいは不連続線としての鶴見さんの姿を示して頂いたのではないかと思います。昼も夜もずっと行動することと考えることが連続している鶴見さんの姿が一方にあり、もう一方には四時半になると突然「帰ります」という不連続的な姿と行動を示される、ちょっと突出した不思議な人物としての鶴見さんの姿があり、おそらく両方とも真実なんだと思います。そうなんですが、私たちとしては、ここでちょっと待ってほしい、補助線がほしいと思うのです。連続線としての鶴見さんの生き方と、不連続線としての鶴見さんの姿との、このふたつのあり方の共存は「矛盾」なんかではない。そうではなくて、おそらくここから、何かとても大切な深いものを受け取れるようにも思うのですが、そこを、どう考えたら良いのか、何かヒントをいただきたいなと思うのです。

鶴見俊輔という、その著作の量からしても、発言の量からしても、巨大な存在があって、複雑で多面的でなかなか一筋縄では理解しきれない「大きな人生」があります。そこから、私たちが何かを受け取れるはずだ、受け取りたいと思いつつ、そのために何かもうひとつ補助線がほしいなと思います。

黒川創　ひとつ、補足しておきたいんですが、先ほど加藤さんが紹介された鶴見さんの詩「らくだの葬式」。これは、古典落語の「らくだ」という有名な演目に即したものなんです。歌舞伎で言うなら「お富さん」みたいに、落語の中の「らくだの馬」も、以前は誰もが知っていたキャラクターだったわけですね。

長屋に馬さんという住人がいて、死んでしまう。貧乏人ばかりで、なんとか葬式をしてやろうとは思うんですが、カネがない。大家に酒と肴を提供してくれと掛け合うが、断られる。そこで、長屋の連中は、馬さんの遺骸を大家のところに運んでいって、カンカン踊りなんか踊らせて、さんざんいやがらせをして、酒と肴をせしめてくるとか、相当はちゃめちゃな話なんです。たぶん、今のテレビやラジオでは、自主規制に引っかかって、放送できない。ですから、ここ何十年かで急速に忘れられた。

鶴見さんの詩は、わりあい素直にその落語をなぞっています。でも、そこに、うらぶれたリズムみたいなものをユーモラスに受けとめているのが、この詩のおもしろさですよね。

くず屋があるけば
馬さんもあるく
ひょこたん　ひょこたん
——やりきれないね

戦後の知識人で、こんな落語をタネに詩を書こうと思うこと自体が、珍しい。鶴見さんは、「第二芸術」論で一世を風靡する桑原武夫に引っぱられて京大に来るけれども、こういうマージナルな芸術のとらえ方では、むしろ、桑原さんとは逆手なんです。

鶴見さんは、桑原武夫さんによって二十六歳の若さで京大助教授に抜擢されて、周囲からのいろんなまなざしも受けながら、相当つらかったと思います。そういう鬱々とする中で、京都の寄席などにずいぶん一人で通ったりしていたらしいんです。その経験が、やがて『限界芸術論』とか『太夫才蔵伝』などの仕事の土台になっていく。だから、結果的には、鬱病のあいだも、ずっと仕事をしていた人なんです。少しあと、筑摩書房の〈日本の百年〉シリーズの共同執筆者を引き受けた時も、そうでした。そのときは、東京の下宿にこもりきりで、ものすごい量の雑誌や雑本を史料として片端から読んだんですね。鬱病の中でも、それはできた。そういう巡り合わせで、鬱病が次の仕事を用意する、という関係にあった人だというか。

寄席というところは、その日の芸人たちの出番がひとまわりすると、また最初に戻って、続いていく。それを何時間も、鬱病の鶴見さんは見続けている。すると、同じ話をすでに何回も聞いてるんだけど、知ってるネタでもまた新しく笑ってしまう自分に気づく。なんでこんなに笑えるのか。そういう発見をしながら、寄席とか、場末の映画館などに通った。たぶん、そういう経験と、「らくだの葬式」のうらぶれてユーモラスなリズムは、重なるところがあるんでしょう。なんというのかな、ナンセンスで、グロテスクでもある。特に、鶴見さんの中でのグロテスクな要素というのは、独特の位置を占めるものだと思います。これは、戦後啓蒙期のほかの進歩派知識人たちが、ほとんど持ち合わせていなかったものでしょう。

なぜなら、グロテスクというのは、進歩的ではないからです。むしろ、退歩的、つまりは反動的。ときに保守的。たとえば、夢野久作の作品にあるグロテスクな感触は、九州・福岡、そして玄洋社系の右翼、というか、この土地と結びついた風俗、久作自身も父親（右翼的政界活動家の杉山茂丸。杉山其日庵との筆名で『浄瑠璃素人講釈』などの著書もある）譲りで能なんかが好きだったり、そういう土壌を背景に出てきたものですよね。こういうものに共感を示す鶴見さんのような好みは、ほかの戦後知識人たちにはなかったものだと思います。

戦前、十代のうちから、鶴見さんは心霊現象のようなものにも興味を寄せている。オカルトというのは、日本でも、社会的には用心されたものですね。そういうことを大まじめに話す人は、あやしげな人として警戒される（笑）。そこに踏み込んでいく姿勢でも、柳宗悦などへの最初の共感があったのだと思います。ビアズリーとか、ああいう世紀末風のエロティックな画風への好みも。こういうものに、鶴見さんの抵抗は結びついている。つまり、それらは、両親が生きようとした近代的な世界とは異質なものだったんじゃないでしょうか。のちに鶴見さんは、『夢野久作』、『柳宗悦』という伝記まで書いていますね。

それから、志賀直哉にも、戦後まもなく、鶴見さんはインタビューを取りに行っている。このときも、仲立ちしてくれたのは、桑原武夫さんです。鶴見さんを京大人文研で採った時に、桑原さんは志賀直哉のところに出むいていって、「彼（鶴見）は米国から日本に帰ってきて、英語と日本語のあいだで、たいへんに苦労している。何か助言をいただけませんか」って、わざわざ尋ねてくれたらしいんです。

ちなみに、志賀直哉は、戦時中かな、戦後まもなくだったか、「公会堂の前を通ったら、演説が聞こえて、鶴見祐輔の声だとわかった。いやな野郎だ」というようなことをどこかで書いています。志賀は、持ち前の癇の強さで、鶴見祐輔について、弁が立つけど、どうも人間としてあやしいところがあると感じていたんでしょう。

だけど、その息子である鶴見俊輔さんに対しては、ちゃんと親切に対応してくれたんです。志賀直哉の祖父は、志賀直道という旧相馬藩主家の家令で、古河市兵衛の足尾銅山起業をバックアップした人です。鶴見さんの祖父の後藤新平とは、ここで縁があった。というより、そこで持ちあがるお家騒動「相馬事件」では、両者はいわば仇同士です。志賀は、そのことも知っていたはずなんです。思想の科学研究会編『私の哲学』（一九五〇年、中央公論社）という本に、このインタビューは入っています。

志賀は、「道徳以前のもの」という鶴見さんが用意したテーマで質問に答えているのですけど、このとき、彼のほうから、オカルトというのか、自身のシンクロニシティについての経験の話もしたのだそうです。

若いころ、彼が「剃刀」という小説を書いていたときに、ちょうど、隣家の人が剃刀で喉を切って自殺していた、という話です。「剃刀」という作品も、床屋が剃刀で客の喉を掻き切ってしまう話なんです。でも、後日、談話原稿に目を通してもらった際に、志賀直哉は、そこのくだりをすべて削除してしまったのだそうです。つまり、そうした談話を発表して、世間からどのように見られるかを彼は警戒したんだろうというのが、鶴見さんの推測なんですが。

とはいえ、そういうひそやかなかたちであれ、当時は志賀の中にも、この種の神秘体験への関心と共感があったということでしょう。

加藤典洋 今のこの「らくだ」という話。僕はほんとに教養がない上に最近は忘れっぽくもなっているものですから、「らくだ」という落語が元になってるということ、黒川さんから言われるまですっかり失念していました。というか、指摘を受けてなんだか知っていたような気がしてきたところなのですが、これも怪しいかもしれません。これより先に、会場におられる方が休憩時間にいらして、六十年前に浅草でエノケンが演舞場でその寸劇をやっていたのをご覧になったというお話をして下さいました。落語のほかに、エノケンの当たり芸だったらしいんです。そのらくだの馬さんとすごくなにかガタイのでかい役者とで、くず屋と掛け合いをしながら死体をこうして持っていくと、今度は死体の方が指図をしたりして逆になるという。エノケンがとても小さい人なもんですから、すごくそれがおもしろかったという話を伺ったばかりです。鶴見さんはそれも見られてて、それをこの詩に書かれたのでしょう。そう思うと、この詩がいよいよよく思えてくるようです（笑）。そういうことを詩に書くというのもちょっとエノケン的……といっても通じないかもしれませんが。

僕の話と先ほど安立さんからのお話と、あと黒川さんの話と。そこに出てくる鶴見さんで僕の話に欠けているのは鶴見さんの一貫性というところでしょう。鶴見さんは本当にいろんなことをずっとやり続けてこられている。そこにはかなり鶴見さんでないとわからないような深い闇があるんでしょう。同志社のときの十字架を背負うという話みたいな、機動隊を導入した直後、「もう、ここはいやだ。ここにはもう一刻も居たくない」と震えるように感じたときみたいな。その行き方が柔軟でかつ強い。また外形が広くて大きい。視界からはみ出るくらい大きく、かえって僕なんかの視界を逃れてしまう。そのことを黒川さんの話を聞いていてああそうだなと強く思い出しました。

もう一つは、オールラウンドネスということです。僕もだいぶ年をとってきているので、取りたてて珍しいことではないわけですが、鶴見さんとのおつきあいも、考えてみると三十年をこえている。ほぼ自分の人生の半分くらいになるわけです。で、鶴見さんの周りには実にさまざまな種類の人がいるのです。ですから、けっこう僕も悪名の高い人間なので、たとえば鶴見さんの周りにいる人のうちから、なんで鶴見は加藤なんかを脇においているんだというような不満や疑問の声があがったりもする。そんなことがあるはずだと、思うこともしばしばなのです。しかしこれって面白いことです。一人のエラい人の回りに、その人を慕う人たちが集まってくるのですが、その人たちが一色でない、ということを、こういうアネクドートは語っているからです。今日の話の前に、思いついて五年位前に出た『現代詩手帖』をひらくと鶴見さんが「もうろく帖から」という断片を載せています。読んでみると一度読んでいるはずなのに、これがとっても面白いんです。「もうろく帳から」とあって二〇〇七年、八十五歳のときに書かれたと記録がある。でも引かれているのは九四年の言葉、その後、九五年、九六年と続く。ああ、鶴見さんはいま「もうろく帖」というのを持っているんだなと読んでいるとわかってきます。鶴見さんはたくさんノートをもってられます。読書中、気に入った言葉を引用しては転写して、それが若年時は鶴見さんの文章修業ともなったらしいです。僕もお宅かどこかで一回見せていただいたことがある。そのうえ、記憶力が尋常ではないので、一〇〇冊、二〇〇冊はあるだろうノートのどこに何が書いてあるのかも、おわかりのようなのです。「あなたが言ったと同じようなことを花田清輝が言ってますよ」と言って「今度送ってあげましょう」、とそれから一週間くらいしたら鶴見さんが送ってきてくださった。ノートの一部上方に数行、鶴見さんの字で花田清輝の文が引いてある。そういう一枚。いまはおそらく「もうろく帖」というのに何か断片を書かれているのかもしれません。ポール・ヴァレリーがずっと四十年くらい毎朝早く起きて、四時から六時くらいまでずっと書いて、『カイエ』というタイトルで、全集のうちの半分近くを占めているはずですが、鶴見さんのこの『もうろく帖』も、鶴見さん、表に出さないだろうけれどももし出てきたら『カイエ』みたいなものになるかもしれない。

黒川　あ、出ています。編集グループSUREから一冊出した。

加藤　え、出てる？　『もうろく帖』のタイトルで？

黒川　うん。復刻で。鶴見さんの「もうろく帖」の第一冊目をそのまま。

加藤　そうですか（笑）。ことほどさように脱落が多い（後記。二〇一〇年六月、加藤が一年間日本にいない間に出版されていた）。で、ここに「1995年10月15日、古人の書きのこしたもののほうがオールラウンドに思える。哲学においてはプラトン、アリストテレス。中国の荘子、孔子、司馬遷。／時がくだると、そのオールラウンドネスを実現するのがむずかしい。幼児においてはある。老人においてそれを実現することはできるか。」とこう書いてあるんですが、このオールラウンドネスというのが、鶴見さんのもう一つの特徴だろう。

オールラウンドネスというのは僕の感じでいうと提灯なんです。提灯というのはそこに掲げておくと四方を照らす。照らすというのは、僕なんかの場合だとなかなか提灯型にならない、懐中電灯型なんですね。だから照らして探す。探究するんですね、問いを掲げ、目標を設定し、そこをめざす。でもそういう知は、オールラウンドネスにはならない。やはり鶴見さんの存在の持っているもう一つの特徴に、人間としてのオールラウンドネスがあり、いま鶴見さんは、知のオールラウンドネスということを考えておられる。そういう側面も黒川さんのお話を聞いていてちょっと自分の考えに補いたいなと思ったところです。

安立　フロアから、いろいろな質問をいただいております。大きくまとめると戦争の意味ということに関する質問が多いのです。鶴見さんは、ずっと戦争ということにこだわってこられました。加藤さんも『敗戦後論』をはじめ、戦後の世代が戦争の意味をどう受け取れるかということにずっとこだわり続けてこられました。戦後世代の黒川さんや加藤さんから見て、鶴見さんの戦争の意味づけ、もしくはこだわり続けられていることについて、どこが共通していてどこがやっぱり違うというか、お考えになっているでしょうか。

加藤　鶴見さんにとって戦争はどういうものかということは、僕は戦争が終わってから生まれてきた人間ですから、鶴見さんの書かれたものから自分が受け取るということで考えるわけです。戦争を体験した人が戦争についていて戦争というのはよくない、これからの人間は繰り返すべきじゃないと考えるのはとてもよくわかるんです。その通りだろうと思う。ただ、僕なんかは小学校以来そういうふうな世代の先生方に育てられてきたほうで、ちょうど戦争世代の声と戦後のインターフェースだったという自覚があります。ですから最初はその通りと考えてきた。人間性の生地は完全な戦後民主主義なんです。でもだからこそ大学生くらいになり、一種の「反抗期」をつくりだし、それを通過しなければならなかったんだろうと思うんです。自分が大学生を教えるくらいの年代になって、ずっと若い時分の優等生的な自分がそのまま大学生、大学の先生になったというような素直な人たちが現れてきて、先行世代との葛藤はまったくなしに例えば自分たちはアジアに対して非常に悪いことをしたというようなことを言いだしたときに驚いたのは、そのためです。僕などが考えたのは、戦争体験をした人が戦争絶対反対、憲法九条は大事というのはわかる。でも僕が同じことを言うのは許せないというようなことでした。まあ、許せないというのは言い過ぎですけど。戦争を経験した人がいて戦争はよくないという。僕が「ああ、そうですね。私もそう思います」と言ったとしたら、それは誠実な応答じゃないだろうと思ってきたのです。つまり、僕はそういう人たちとは立場が違う。僕が「そう思います」と言ったら「いや、あなたは違うよ。あなたは自分で考えなさい」と年上の人に諭されるだろう、自分が相手の立場でも、そういうだろうなと思ってきました。で、自分でやっぱり考えなきゃいけない。自分で考えて自分でその理由をまたつくりあげなきゃいけないと思うようになったというのがある。

だから、戦後というのは結局、戦後に生まれた自分にとっての戦後とは何なんだろうという形で僕には問題になったというところがあります。『アメリカの影』に書いたこともそれで、「戦後再見」という最後に載せた文章の題名は、さよならの再見と、もう一度会うの再見がかけてある。これまで語られてきた戦後から離れて、自分にとっての戦後を作り出すというくらいの意味でした。ですからその後、戦争体験の継受というのが「どう伝えるか」という形で設定されたら伝える人はだんだん死んでいくので縮小再生産になるしかない。「どう受け取るか」というふうに変えないとだめだが、そのためにはイニシアティブを取る側自身が変わらないといけないので、一回「戦後」には死んでもらったほうがいい、みたいなことを言ったこともあります。ちょうど井上ひさしさんがその場にいて、大分困った顔をされていたのを覚えていますが、一粒の麦もし死なずば一粒のままにあらん、死なば多くの実を結ぶべしというのと同じで、いったん伝え手が伝えることを断念してバトンを地面においたら、後代の人間のうち自分で理由を見つけた人間が今度は自分のイニシアティブでそれを地面から拾い上げるだろうなどと考えていたわけです。

ですから、こういう僕の考えはだいぶ誤解も呼んだし、批判を受けることにもなりました。でもだいたい鶴見さんは、何も言わずにニコニコしていたように思います。そのことに自分は支えられてきたなと、いま強く思っているんです。

後で読んだ文章ですが、一九六九年の時に「いま自分たちが一番ものごとを伝えようと思っている相手というのは自分たちに敵対しているその若い人間だ」ということを鶴見俊輔が書いています。こういう年長の人間が向こう側にいてくれることが、一つの支えだったということですね。

ルソーが『社会契約論』の最後に市民宗教について書いていますけれども、あれはルソーが一番困った点だったろうと思います。なぜ市民宗教が出てくるか。それは社会契約の継受がそこで問題だったからです。ルソーの社会契約という説は非常によく出来ているんだけれども一番の問題は契約をし、一般意志の創設を行い、社会ができたあと、次の世代の娘、息子たちの代になって、親父たちはそんな契約をしたらしいけど俺らは知らないよっていうことになったらどうするかということだったと思うんです。つまり世代継承の問題。これをルソーは社会契約説では解けなかった。それであの市民宗教の章はとってつけたように一番最後におかれているというのが僕の解釈です。市民宗教はルソーの社会契約論のアキレスの腱になって、フランス革命ではロベスピエール主導の革命の祭典になりましたね。

そういうところで、鶴見さんは偉大なカウンターパートであり続けて僕などの姿勢を支えて下さった。そういう気持ちをもっています。自分もそうでありたいと思いますけど難しい。やれるかどうか、ね。

安立　今のことにちょっと関連するかもしれませんが、現在の政治情勢や「考えない人」を大量に生みだす現状などについて、鶴見さんだったらどう考えるでしょうか、というような質問がございます。また「鶴見さんは、なぜべ平連にコミットしたのか。吉本隆明との違いはどこにあるのか」など、現在の状況と関連した質問もあるんですけど、いかがでしょうか。

黒川　あ、そうですか。さっきのは答えなくていいですか？

安立　いいえ、先ほどの継承の問題についても、どうぞお答えになって下さい。

黒川　僕は加藤さんとは、ずいぶん世代も違っています。加藤さんたち、全共闘くらいの世代の人って、世代間戦争というか、世代間の違いにうるさい。そこから、戦争を知っている世代に対しても、「戦争中、どうして転向したんですか」とか、「どうしてそんな堕落してるんですか」というふうに、大学紛争なんかの異議申し立てをやってた感じがするんです。だけど、僕などは、そういう塊としての世代という実感はほとんどない時代に育ちました。ですから、むしろ、お年寄りたちには、「戦争中には、どういう暮らしだったんですか?」って聞きたい。そういう興味のほうが、ずっと強かった。だから、鶴見さんに対しても、この人はどういうことを考え、経験してきたんだろう、という興味のほうが、まずありました。僕は、「拷問にかけられたら、自分だったらどうするだろう」とか、「人を殺すような場面になったら、自分だったらどうだろう」と、そっちに関心があったので。だから、先人たちはどういう経験をしてきたのか、興味はそこにありました。

絵描きというのは、繰り返しデッサンを試みます。人体のような見慣れているはずのものに対しても、そうなんです。というより、実際には、その人体を描くのが、いちばん難しい。三次元のトルソーを、二次元のカンバスのなかに移すには、どう描けばよいのか? そこに肉薄しようと、画家たちは、すでに一〇〇〇年も二〇〇〇年も、デッサンを繰り返してきたわけですよね。でも、いまだに、こうすればよい、という、はっきりした方法が見つかったわけではない。

鶴見さんにおいても、そうした画家たちのデッサンの繰り返しに近いものがあるように感じるときがあります。自分はたまたま有名な政治家の家に生まれ、裕福でもあったけど、そのことに自分は価値を見出しているわけではないし、もっと違った生き方をしたいと願ってきた——。たとえば、そんな感情をひとことで言い表して、他者にうまく伝えるすべを見つけるのは、とても難しいわけですよね。だから、画家がデッサンを繰り返し描くように、自身の内部にむかっての発語訓練を繰り返してきた人でもあったのだと思います。

一九八〇年代に至って、たとえば鶴見さんは、宮柊二という中国に兵隊で行った歌人の作を見つけた。

ひきよせて寄り添ふごとく刺ししかば声も立てなくくづをれて伏す

宮柊二は、こんなふうに中国大陸で敵兵を殺したことがあったのでしょう。それをまっすぐに伝えてくる歌です。鶴見さん自身にも、敵兵を殺せと命令が下る可能性はあった。そのときはどうしたか？　そうしたことを水で薄めることも、強調しすぎることもなく、まっすぐ伝えるには、どんな言い方があるか。それは、長く鶴見さん自身に難問だったわけです。

でも、宮柊二の歌に会い、鶴見さんは、そういうとき、「自分は人を殺した。しかし戦争は悪い」と、ひと息に言える人間になろうと考える。もう自分は人を殺しうる戦場の青年ではなく、六十代のなかばになっているわけですが。こういうのも、鶴見さんにとっての、いわば四十年ごしのデッサンの持続だったわけですね。

先ほどの話に返ると、「私は金持ちの息子だ」、これだって鶴見さんは、ひと息で、卑下するでもなく、自慢でもなく、ただ事実そのものとして、そう言いたいわけですよ。編集グループＳＵＲＥでの座談会からの帰り道なんかで、「英語だったら I'm lucky. という言い方がるんだがなあ」っておっしゃるのを何度か聞いたことがある（笑）。これは、たまたま自分は恵まれた、と、いい意味でも悪い意味でもないわけですよね。「そういうのが、日本語であるかな……」と、もごもご言っていらしたのも、鶴見さんにとっては、ひとつの発語練習みたいなものだったんでしょう。

加藤さんと僕が聞き手になって、八十代に差しかかった鶴見さんと『日米交換船』という本をつくったことがありました。「鶴見さん、日米交換船については、まだちゃんとお話しになったことがないんだから、これ、やっておきませんか」と、こちらから提案すると、しばらく考えて「やろう」とおっしゃってくださった。けれども、それより十年ほど前かな、都留重人さんから、NHKで日米交換船の番組をつくろうと提案されたときには、鶴見さんはこれを断っておられるんですよね。ご病気されて、回復しつつある頃だったかな。ですから、体力的なことなどもあったかと思うけど、それ以外に、まだそのときには、鶴見さんの内部で準備ができていなかったんだと思います。つまり、留学生当時の自分のことを話すための言葉が用意できていなかった。というのは、当時の鶴見さんは、ご本人の言葉で言えば、まだ「一番病」、つまり、金持ちの優等生の子弟で、そこから、違うところに移っていく過渡期にあたるわけです。その「一番病」だった自分を、まっすぐそのようにとらえる言葉が、鶴見さんにはまだ用意できていなかった、ということでしょう。

鶴見さんには、これまでに新旧の著作集が出てます。ご覧になればわかりますけど、一番新しい筑摩書房の『続・鶴見俊輔集』の人名索引を見ても、そこには鶴見さんの親族筋にあたる人物の名は、ほんのわずかしか出てこないわけです。つまり、七十代に至るまで、鶴見さんは自分の身内に関することは、かたくなに語ってこなかった。これは、強烈な自己規制なわけです。『高野長英』という伝記を一冊書かれていますが、それにだって、著者である鶴見さん自身が高野長英の親族にあたることにはひと言も触れていないんです。
八十代に入ると、鶴見さんは、祖父の後藤新平をはじめ、親族たちのことも繰り返し語るようになりました。つまり、これは単なる老耄じゃなくて（笑）、新たな鶴見さんの発語訓練なんですよね。自分の表現にとって、そこが、故意に回避してきた部分であったから、これについても証言は残しておくようにしたいということでしょう。こうした発語訓練の新たな積み重ねがあったから、『日米交換船』という仕事にも取り組めるようになったのだろうと、僕は推測しています。

安立　残り時間が迫ってきましたが、あと一つ質問させて下さい。それは、今日の疑問点で、解説していただかないとその意味が深く読めないところなんです。それは加藤さんの紹介された配布資料の中にある鶴見さんの詩の「KAKI NO KI」です。これは私たちとしてはぜひ絵解きしていただきたいなと思います。

加藤　いや、あのこれ、ここにローマ字で書いてある「KAKI NO KI」という詩、

Kaki no ki wa
Kaki no ki de aru
Koto ni yotte
Basserarete iru no ni
Naze sono kaki no ki ni

Kizu o tsuke yo to
Suru no daro

Kaki no ki no kawa ni
Tsume ato ga nokore ba
Utsukusiku naru to omotte iru no ka

Basserareru koto ni yotte
Yoku naru to demo omotte iru no ka

というのですね。どんなとき、人はふつうの日本語ではなくてローマ字という少し離隔したニホンゴで詩を書くのだろうと思わせます。ローマ字といえば石川啄木の『ローマ字日記』が有名ですが、あれは啄木がローマ字の読めない奥さんのことを念頭に奥さんに読まれたくないことを書くのでローマ字にしたという話があります。この詩の場合はむろんそういう事情はない。鶴見さんの世界にはローマ字を読めない人はいないからです。

でも、誰かに読ませたくない。自分の中の誰かに読ませたくない。読ませると、この紙切れをぐしゃっと摑んで、ビリビリ破いて、捨ててしまうから、というような、あるギリギリのところで緊張にふるえているような力感が、このローマ字使用にはあるように思います。

「感情」をそのまま表すと、この世界は壊れる。ローマ字で、かろうじて形を保っているマッチの棒の建築物のような緊張と均衡が感じられるのです。講演では、これを読んだあと、最後に残る感想は、いったい誰がどこでどういう場所でこれを言っているんだろうという感じだといいました。柿の木をいじめているというか、罰している人にむかって糾弾しているんじゃないんです。下にいて上に向かって指をあげて糾弾しているのでもないし、それを高い離れた所から見ているのでもなくて、柿の木が鏡を見るとして、鏡を柿の木が見ていて、鏡も柿の木を見ている。柿の木が鏡に見られながら鏡の中にいる柿の木にむかってつぶやいている、という感じがするんですね。

中原中也という詩人がいて、僕は中原中也が好きなんですけど、中原中也も、「勉強しろ勉強しろ出世しろ」みたいなことを言われて苦しんだ経験を持っています。そういう詩も書いています。そういう彼が、若いころに「私は決して咎めはしない悲嘆者なのだ」という断章を残しているんです。自分は悲嘆するが、その悲嘆のなかで決して人を咎めないんだ。そういっています。僕は、これはギリギリのところで発せられた言葉だなと思う。かなり苦しいのでないとこういう「澄んだ」反転は起こらない。鶴見さんのこの詩にも「澄んだ」ローマ字表記への反転があると思うんです。

一つ、余談としていいますが、この鶴見さんの語る母からの抑圧とはどういうものだと思われますか？　以前戦前の雑誌を見ていたら名士の子供の座談会というのがあって、そこに小学生の鶴見さんが出ていたんです。あれっと思って興味津々で読んだのですが、そこで小学生の鶴見俊輔は何人かの子供と一緒に出席していて、君は将来何になるんだと聞かれ、僕か僕は総理大臣か乞食かだと昂然と答えていました。へえ、と思いながら読んだんだけれど、僕は長いこと、鶴見さんの母からの抑圧というのは、大きくなったら出世して、総理大臣みたいに偉い人になれ、と言われていて、それに子供の鶴見さんが反発した、ということだと思っていたのです。ところがそうではなくてお母さんという人は、自分たちが、後藤新平という偉いお父さん、おじいさんの庇護のもとで、こういう特権的な暮らしをしているということを、大変罪深く考える倫理的にきびしい人だった。それで、鶴見さんに世の中の下積みの人になれ、俗塵に埋もれて過ごす人になれ、偉くなるなんて考えるなという人だったらしいのです。どこかで、鶴見さんが、大きくなったら何になりたいかと聞かれ、乾物屋みたいなことをしたい、と答えたりしたのは、そういうと、母親が喜ぶことをどこかでわかっていたからだ、というような意味のことを書いていますが、それはこのような意味だったんです。僕は、そのことがわかったときに、本当に驚いて、自分の勘違いが信じられなくて、一度、直接、面と向かって、鶴見さんに、このことを確かめたことがあります。そのとき、鶴見さんの顔には、いうに言われぬ表情が浮かんで、そうだよ？　と言われました。出世しろ、なら楽です。オレは下降する、出世なんかしないぞ、という出口があるから。しかし、親が先回りして、下降しなさい、出世なんかしてはいけない、そういわれたら、子供はどうすればよいのか。

ベイトソンのいう典型的なダブル・バインドでしょう。小学生の鶴見俊輔の、僕は総理大臣か乞食だ！　はそういう出口なしからの悲鳴だったわけで、そこから、自分は「悪人」になろうとした、という鶴見さんの口癖が出てきていた。先ほどからのお話でわかるように僕はだいぶ迂闊な人間なので、三十年くらいおつきあいしてきて、鶴見さんの一番大事なことを誤解していた。それくらい、鶴見さんは、カケラの形でしか、言わない。そういう背景の中で、このKAKI NO KIという詩を読むと、誰が、どこで、何を言っているのか、という感想が浮かぶのです。

黒川　柳原和子というノンフィクションライターがいました。もう癌で亡くなりましたけども。彼女は、癌をわずらいながらも、サバイバーとなることをめざして、癌に関する仕事をいくつも残しました。鶴見さんも癌を患ったことがあるもんですから、NHK教育放送で、一度、鶴見さんと柳原さんの対談の番組がつくられたことがあったんです。秋の撮影で、対談場所は、京都の法然院の庭に面する縁側でした。

そのとき、鶴見さんは、庭に落ちていく枯葉をさして、いまは、あの葉っぱが自分であるような感じがするね、ということをおっしゃっていました。つまり、自分が世界の前を一瞬よぎって消えていく。そっちの側から、この世界を見ている感覚が生じてきた、ということでしょう。

草木というのは、そんなふうに、自分の目線が引き込まれていきやすいものなんじゃないでしょうかね。

フランクルの『夜と霧』で、ユダヤ人をガス室に送り込んでいく強制収容所の中で、「あの樹が私の友だちです」って、指さす女性がいます。その木は、友人であるとともに、その存在の中にこれからも自分はあり続けるんだと、彼女は感じているということですよね。「私はここにいる。永遠の命だ」と、その木が自分に語りかけて来るんだって。

つまり、一瞬の中に、永遠がある。自分が世界の前をよぎる瞬間に、永遠もあって、それがここに自分がいるということを裏付けている。

若いときは若いなりに、老人には老人なりに、そういう感覚は、やってくるものじゃないかなと。

安立　今のお話は，加藤さんがおっしゃられた「鶴見さんにない感情、それは『しみじみ』である」という説と、ちょっと違うんでしょうか。

黒川　僕は、鶴見さんに「しみじみ」がないとは思わないですけどね。

加藤　ああ、そうですか。

黒川　しみじみっていうのも、時々ご本人は言いますよ（笑）。でも、それは日本人の「しみじみ」と違っているかな。ローマ字の「Shimijimi」だったり。

加藤　その理解はちょっと違うんですね。僕の中ではね。質問票の中に「四時半で急に帰る鶴見さんという人は変わった嗜好のある人間だけれども、なぜそういうふうな人間をいいと思うのか」みたいな質問がありました。それって、僕、鶴見俊輔のものをおもしろく思うっていうのは、ずっと坂をだんだん登って行ったらある時何の理由もなく急に世の中が違ったふうに見えるというようなことだと思うんです。

面白いということって、面白いということをみんなが面白がるというのとあることをある人が面白がるというのがある。前の方は面白いことの問題ですが、後の方は面白がる人の問題です。ですからなんでこんな鶴見俊輔なんてわけのわからない人のわけのわからないことが「いい」と思えるのか、という質問に答えるのは難しいんです。僕から言うとこういう問いが出てくるのは当然なんですね。責められない。その代わり、僕に答えられないとしても責めないで下さい、というのが答えになります。鶴見さんの「しみじみ」ナシも、そういう僕のおもしろがり方なんだろうと思います。

だけど、そういうふうなことってあるでしょう？　たとえば鶴見さんがどこかに書いていますけど、四歳の頃だったか八歳の頃だったか覚えていませんが、家に帰るのが嫌で、本屋で一番下の段にさしてある本を取りだして開いたらおもしろいので読んだ、気がついたら夕方になってたというのです。この話は一度読んで忘れられない。一人の子供のある一日の話として、とてもよいと思うんです。だいぶ家から抑圧されちゃってるものだから、家に帰るの嫌だってことになって、それである子どもが本屋の片隅で一番下にある本を開いてしゃがんでみたら本がおもしろい。夢中になって最後まで読んで気が付いたら夕方になっていたっていうんですよ。なんかさ皆さん、おもしろくもなさそうな顔してますけど（笑）。

黒川　質問用紙に、こういうのがあります。「鶴見さんが『私が知りたいのは人民の記憶なんだ』とおっしゃてる番組をテレビで見ました。」

これは、僕がインタビュアーをつとめたＮＨＫ教育のＥＴＶ特集「鶴見俊輔――戦後日本　人民の記憶」という番組です。質問としては、「人民の記憶」とは何ですか、ということです。

これは、そんなに難しいことではないと思います。歴史と呼ばれるものは、とかく知識人とか、権力を持つ者たちが、文字によって残すものなんです。でも、それとは違う、普通の人びとが営む暮らしの一瞬一瞬に、数え切れないほどの現実があるわけですよね。だけど、それは文字にはされていないので、人びとの記憶といっしょに消えていく。それを少しでも掘り起こして、明らかにしておきたい。それが鶴見さんのおっしゃる「人民の記憶」でしょう。本当の人類の歴史というのは、この「人民の記憶」の総体であるはずなんです。

これは、『思想の科学』の創刊当初、「ひとびとの哲学」などと呼びながら、鶴見さんたちが一生懸命取り組んできたことにも重なっていると思います。上野駅で夜汽車を待っている人たちから、夜っぴて聞き取りでアンケートをとったり、いろいろやっています。聞き書きという大きな流れが、『思想の科学』にとっては、ここから来る。これは、柳田國男らの民俗学、そこでの常民という考え方にも、重なるところがあるものですよね。ただ、層としての常民ではなく、一人ひとりの人民、そこにポイントがあるわけですけど。

安立　そろそろ時間が近づいてまいりました。今日のこの講演会を振り返りまして、いくつもの発見がありました。私にとって以前から疑問だったのは、なぜ加藤さんはモントリオールで鶴見さんと出会って共振したんだろう、というものだったのですが、氷解したところがありました。そのほか、皆さまにも、いろんな発見があったと思います。最近の鶴見さんは、いかがお過ごしになられているのでしょうか。

黒川　ご自宅で、まあ九十歳なりの過ごし方をされているのだと思います。ものを読んだり。八十代のうちは、ずいぶんインタビューにも応じたりしながら過ごされました。もう九十代は読者に徹されても十分なのではないかと僕などは思うのですが、お仕事にはつねに意欲的な人ですから、なにかひそかな企画を抱いておられるような気もします（笑）。

先ほどちょっと申し上げたように、具体的には、僕も編者としてお手伝いして、河出文庫から今月、来月と〈鶴見俊輔コレクション〉というシリーズを出しはじめます。これは、鶴見さんともご相談しながら進めています。まず今年は二冊刊行して、年をまたいで、さらに続刊することになると思います。

安立　ありがとうございました。今回は「考える人　鶴見俊輔」という全体のタイトルでした。これにたいして「書く人」という角度と「行動する人」という角度からの、二つの光源を今日は与えていただいたわけですけれども、私たちの知ってる鶴見さんの姿というと、他にも「読む人」とか「話す人」、座談は名手ですしね。そして「行動する人」ということでも、私たちには「べ平連」というイメージばかりが強くありましたけれども、今日うかがうと「編集する人」としての行動力がまたすごいと思いました。それは「見いだす人」とか「見守る人」、「励ます人」とか「元気づける人」など、いろんな多面性につながっているのだと思います。今日一回だけでは語り尽くせないし聞き尽くせないような豊富なお話だったと思います。

何か最後に一言ずついただけますでしょうか。

黒川　鶴見さんは、学者としては、もっと別の道もあった人だと思います。ですが、ご自身で、この道を選ばれたわけですね。

戦後、アメリカに戻って、向こうの大学に所属し、英語で著作を残す学者になることもできた。そうすれば、もっと世界で知られる哲学者になることもできたかもしれません。実際、その道も開けていた。でも、そうじゃない道を取ることにしたわけですよね。

デモを組織して、チラシの文章のようなものもずいぶん書いたでしょう。そこに鶴見さんなりのプラグマティズムが入ってるのはわかりますけれども、「無駄なことをやったという悔いはないですか？」と尋ねてみたことがあります。すると、鶴見さんは、即座に「いや、こっちが私の本筋だから」と言っていました。『思想の科学』も含め、そうなんですよ。いささか孤独ではあっても、悔いのない道を進んだということなんじゃないのかな。幸い、健康にもわりあい恵まれて、途切れることなく仕事を続けることもできた。抵抗の道を歩くことを望んで、その道を歩き通せた。

『思想の科学』が残した仕事について、誰よりも評価が高いのは、鶴見さん自身だと思います。創刊からちょうど五十年で、一九九六年で刊行を打ち切ったのは、鶴見さん自身の意向でした。自分の健康が許すあいだに、ここで一度打ち止めにしたかったのだと思います。逆に言えば、自分が現場を離れることで、ずるずると雑誌のレベルを下げたくはない、という気持ちがあった。

だからこそ、ご自分に判断力があるうちに、この雑誌の刊行に一区切り付けておきたい、という気持ちも生じたんだと思います。一九九六年春、創刊からちょうど五十年で終刊させました。いずれ誰かの手で復刊されたら、それもいい、という考えはあったと思うんです。けれど、鶴見さんとしては、どこの時期までは自分が主導しながら刊行したものかは、はっきりさせておきたいという気持ちがあったんじゃないでしょうか。それほど、この雑誌を続けてきたことへの自負と思い入れが強かったということですね。

終刊後、鶴見さんは、この五十年間のまとめとして、三つの事業をしたいと提案されました。

一つは、この雑誌の総目録の作成と刊行です。

二つめは、この雑誌と、ほかの重要な出版運動などとの比較研究を討議して、これの記録を本にしておきたいということです。

三つめは、五十年間のこの雑誌の主要論文のサマライズ集をつくりたいということでした。それにあたって、鶴見さんにはモデルの文献があって、ウォード、シュルマン共編『聯合国による日本占領

1945―1952』という英文目録なんです。日本側でも、それに対応させて日本学術振興会編『日本占領文献目録』という和文目録がつくられているんですが、そっちはまったくだめだ、というんですよね（笑）。鶴見さんは、この英文目録の書評を一九七〇年代に書いていますから、かなり早い時期から、いずれは『思想の科学』の掲載論文についても、こういう記録集をつくりたいという、ひそかな希望のようなものがあったんだと思います。

もとが米国式の教育を受けた人ですから、目録とか、索引とか、きちんとしたものをつくっておきたいという方向性は、『思想の科学』みたいな雑然とした雑誌をつくりながらも、どこかにあるんです。でも、日本の出版社の多くは、そういうことには関心が薄いんだと、こぼされることもありました。筑摩書房刊の『鶴見俊輔集』全十二巻では、ご自分で項目を拾って、索引をつくられたんだそうです。完成時に、その索引に目を通して、自分がやって来た仕事がわりあいにまんべんなく行き渡っていることを確認できて、安心したと（笑）。

この三つの事業。それを三年でやろうと。これは、つい口車に乗せられたのかもしれない（笑）。『思想の科学　総索引』、『源流から未来へ――「思想の科学」五十年』、『「思想の科学」ダイジェスト 1946-1996』（いずれも、思想の科学社）の三冊ですが、実際には、完結まで十五年かかりましたから。たしかに、そこまできちんと整理を残しておかないと、雑誌というのは雑然としていますから、のちの時代の人たちの目には全体像がわかりにくい。僕たち、この雑誌をつくってきた当事者だって、そのときそのときの作業に追われて、こうやって雑誌全体の歴史を俯瞰して見るような機会はなかったですから。『思想の科学』の半世紀全体を当事者として経験されたのは、鶴見さんだけなんです。

毎号、すべての原稿を読んでいた。ですから、僕たちの自己教育の機会としても、こうした締めくくりまでの作業を鶴見さんが引っぱってくださって、本当によかったと思っています。鶴見さんは、教師役、指南役としても、すぐれた人なんですよね。その責を野にあって果たしたいという気持ちも、おありだったんじゃないでしょうか。

加藤　その話と重なりますが、鶴見さんには一度学者として転向を研究してドクター論文を書こうかと思った時期があったという話を僕も聞いたように思います。転向というあり方、概念の取り出し方は日本発の世界的規模での社会考察の大きな基礎概念になりうるはずですね。これは日本でだけ起こっていることじゃない。ドイツとか東欧とか、あとスペイン、イタリア、米国、近代の中でいろんな形で起こってきた社会現象です。ですからもし鶴見さんがこれを展開し、書いたら、世界的なレベルでかなりの評価を受けるものになっただろうと思います。でも、その時にもう一つ、若い人たちと一緒に共同研究という形でやるというオプションがあった。それで、そちらに変えた。博士論文に仕上げるよりも、若い人たちと共同研究でやってみる。その方がずっと難しいしまた大事だという判断ですね。そういう判断をした。しかもその判断にほとんど誰も気づかなかった。それくらい柄の大きな人というのはあんまりいないだろうと思うのです。

僕が今までお会いした人間でこの人はすごいなと思って以後尊敬してつきあいさせてもらった人は鶴見俊輔さんと吉本隆明さんです。全くお二人は違うタイプの人なんだけれどもどこかで共通している。もし鶴見さんが学者の道に進まれたら世界的に名高い、ノーベル賞の候補に取りざたされるような人になった可能性は大きかったでしょう。現に都留重人さんはそういう方だったわけで、僕は大学で一時都留さんの近くで過ごしたとき、この人が日本の首相にでもなっていたら日本もいまと違っていただろうなとつくづく思ったものでした。でももし鶴見さんがそういう大学者になったとしたら、僕はいま得ているような印象を鶴見さんから得なかっただろうと思うんです。外から見て大きいことと小さいことを前にして、小さいことを選んでいるから偉いなどと、僕は思いません。それが自分から見て大きいことを選んだことの結果だというのがよくわかるので、こういうひとはえらいと、僕が考えるということなのです。

すばらしい人というのはたくさんいるだろうと思います。世の中の偉人伝はそういう人にみちています。私が世界の偉人で好きなのはガンジーです。一度、二十世紀の終りのTV特集で二十世紀の偉人の特集があったとき、歯がかけたまま笑っている乞食みたいなおっさんが現れたと思ったらガンジーでした。それ以来、ガンジー好きなんです。ガンジーのえらさは他の人と違うと思います。そのえらさがそれまでのえらい人と違う。そのえらさに未来性があるのです。どこがえらいの？　と聞かれると答えられないのは、そのせいです。そういう未来性が、僕の知っているえらい人の中では、鶴見さんと吉本さんにあります。僕はカナダのマックギル大学というところで客員教授として来た鶴見さんとはじめてお会いしたのですが、そこに勤務する友人の太田雄三さんが鶴見さんを呼ぼうとして手続きに入ろうとしたら、大学の事務局が「この人はドクターを持っているのか」と尋ねたそうです。「ドクターは持っていない。けれどもドクター論文の対象になる人です」と答えたところ、「ああ、それなら問題ない」とOKが出た。どれだけのドクター論文が、ドクターでない人を主題に選んでいるか。それもえらいというのはどういうことをいうのかを考える一つの手だてかもしれません。でも方法としてはもっとよい手だてがたくさんあるにきまっていますね。

安立　ありがとうございました。鶴見さんの生き方とお仕事には、全体として未来性があるのだということは、今日のこのシンポジウムのたいへん素晴らしいまとめになっているのではないかと思います。今日は、長くお付き合いいただきました皆様にも、たいへんありがとうございました。（了）

【鶴見俊輔略年譜】

（作成：福岡ユネスコ協会）

一九二二年（大正十一年） 東京市麻布に、鶴見祐輔と愛子の長男として生まれる。父祐輔は官僚、政治家にして著述家。愛子の父は東京市市長、内務大臣、満鉄初代総裁を務めた後藤新平。姉和子は社会学者。従弟に鶴見良行（アジア学者）がいる

一九二九年（昭和四年）七歳 東京高等師範学校付属小学校入学。同級生に永井道雄、嶋中鵬二など

一九三七年（昭和十二年）一五歳 府立第五中学校を退学。十二月米国へ渡る。都留重人に出会う

一九三八年（昭和十三年）一六歳 再度米国へ渡り、九月にマサチューセッツ州ミドルセックス・スクールに入学する

一九三九年（昭和十四年）一七歳 大学共通試験に合格して、ハーバード大学哲学科に入学する。アルフレッド・N・ホワイトヘッド、バートランド・ラッセル、ルドルフ・カルナップ等の哲学者の講演を聴く。また、チューターを務めたのが二〇世紀アメリカを代表する哲学者・論理学者のウィラード・V・O・クワイン

一九四二年（昭和十七年）二〇歳 前年末の日米開戦を受けてアナーキストとしてFBIに連行され、東ボストン移民局に拘留される。拘置所内で卒業論文を書き、学位を受ける。六月に日米交換船「グリップスホルム号」に乗船し、ポルトガル領東アフリカのロレンソ・マルケス（現マプト）で交換されて、「浅間丸」にて八月横浜に到着する

一九四三年（昭和十八年）二一歳 海軍軍属の通訳として、ジャカルタに着任。翌年シンガポール勤務を経て日本に戻る

一九四六年（昭和二十一年）二四歳 雑誌「思想の科学」を創刊。創立時の同人は渡辺慧、武谷三男、都留重人、丸山真男、武田清子、鶴見和子、鶴見俊輔の七人

一九四九年（昭和二十四年）二七歳 前年に桑原武夫から招かれていた京都大学で、人文科学研究所に助教授として配属される。ルソー研究、フランス百科全書研究などに従事する

一九五〇年（昭和二十五年）二八歳 最初の本『アメリカ哲学』が刊行される

一九五四年（昭和二十九年）三二歳 東京工業大学助教授となる。思想の科学研究会のメンバーを中心に、「転向研究会」を発足させる

一九六〇年（昭和三十五年）三八歳 日米安保条約改定の強行採決に抗議して、東京工業大学を辞職。「声なき声の会」に参加

一九六一年（昭和三十六年）三九歳 同志社大学教授と

なる

一九六五年（昭和四十年）四三歳　「ベ平連」（ベトナムに平和を！　市民連合）を小田実、高畠通敏らと発足させる

一九七〇年（昭和四十五年）四八歳　大学紛争において、大学側の機動隊導入に抗議して同志社大学を辞職する

一九七二年（昭和四十七年）五〇歳　メキシコのエル・コレヒオ・デ・メヒコ東洋研究センターで客員教授（～七三年六月）

一九七七年（昭和五十二年）五五歳　「現代風俗研究会」発足に参加

一九七九年（昭和五十四年）五七歳　カナダ、モントリオール市マッギル大学で集中講義（～八〇年三月）

一九八七年（昭和六十二年）六五歳　福岡ユネスコ協会主催「第六回九州国際文化会議」に出席して「現代日本の文化的諸相」セッションの議長を務める。以降九二年、九七年の「九州国際文化会議」、二〇〇一年、二〇〇三年、二〇〇四年の「日本研究国際セミナー」、二〇〇七年、二〇〇八年の「国際文化セミナー」に参加する

一九九一年（平成三年）六九歳　『鶴見俊輔集』全十二巻（筑摩書房）が刊行される

一九九六年（平成八年）七四歳　『鶴見俊輔座談』全十巻（晶文社）が刊行される

二〇〇〇年（平成十二年）七八歳　『鶴見俊輔集・続』全五巻（筑摩書房）が刊行される

二〇〇二年（平成十四年）八〇歳　福岡ユネスコ協会創立五十五年記念文化講演で「日本の外からと内から」と題して講演

二〇〇四年（平成十六年）八二歳　加藤周一、小田実、大江健三郎らと「九条の会」を発足

二〇〇七年（平成十九年）八五歳　七月姉・和子が死去

二〇一二年（平成二十四年）九〇歳　鶴見俊輔コレクション1『思想をつむぐ人たち』（河出文庫）、同2『身ぶりとしての抵抗』が刊行される。同3『旅と移動』、同4『ことばと創造』は二〇一三年に刊行

二〇一五年（平成二十七年）　七月死去、享年九三歳

※　略年譜作成にあたり、黒川創さんにアドバイスをいただきました。

2007年10月、福岡ユネスコ協会「国際文化セミナー」において

本書は二〇一二年九月二十九日、福岡市で開かれた講演会『考える人　鶴見俊輔』（福岡ユネスコ協会主催）を記録化したものです。年代等は当時のままです。出版化をご承諾いただきました黒川創さん、加藤典洋さんに厚く感謝申し上げます。

（福岡ユネスコ協会）

【著者紹介】

黒川創（くろかわ・そう）

一九六一年京都府生まれ。作家。
主な著書に『国境』（メタローグ）『若冲の目』（講談社）『日米交換船』（鶴見俊輔・加藤典洋と共著、新潮社）『かもめの日』（新潮文庫）『いつか、この世界で起こっていたこと』（新潮社）『日高六郎・95歳のポルトレ　対話をとおして』（新宿書房）など。

加藤典洋（かとう・のりひろ）

一九四八年山形県生まれ。文芸評論家、早稲田大学国際教養学術院教授。
主な著書に『アメリカの影』（講談社文芸文庫）『言語表現法講義』（岩波書店）『敗戦後論』（ちくま文庫）『テクストから遠く離れて』（講談社）『小説の未来』（朝日新聞社）『3・11死神に突き飛ばされる』『ふたつの講演　戦後思想の射程について』（ともに岩波書店）など。

FUKUOKA U ブックレット③

考える人・鶴見俊輔

二〇一三年 三 月十五日第一刷発行
二〇一七年 二 月十五日第二刷発行

著　者　黒川《くろかわ》創《そう》
　　　　加藤《かとう》典洋《のりひろ》
発行者　小野静男
発行所　株式会社 弦書房
（〒810・0041）
福岡市中央区大名二－二－四三
ELK大名ビル三〇一
電　話　〇九二・七二六・九八八五
FAX　〇九二・七二六・九八八六

装丁・毛利一枝
印刷・製本　シナノ書籍印刷株式会社

ISBN978-4-86329-087-7　C0095

「FUKUOKA Ｕブックレット」の発刊にあたって

「転換期」ということばが登場して、もうどれくらい経つでしょうか。しかし、「近代」は暮れなずみながら、なお影を長く伸ばし、来るべき新たな時代の姿は依然として定かではありません。

そんな時代に、ここ福岡の地から小冊子「FUKUOKA　U　ブックレット」を刊行します。

福岡は古くから「文化の十字路」でした。アジア大陸に最も近く、また環東シナ海の要石の位置にあって、さまざまな文化を受け入れる窓口として大きな役割を果たしてきました。近代になっても、アジアとの活発な交流は続き、日本の中で最もアジア的なにおいを宿した都市として知られています。今日ここでは、海陸の風を受けながら、学術や芸術に関わる多彩な活動が繰り広げられていますが、しかしメディアの一極集中のせいで、それは多くの人の耳や目に届いているとは言えません。

「FUKUOKA　U　ブックレット」は、ユネスコ憲章の「文化の広い普及と正義・自由・平和のための人類の教育とは、人間の尊厳に欠くことのできないものである」という理念に共鳴し、一九四八年以来、旺盛な活動を続けている福岡ユネスコ（Unesco）協会の講演会やシンポジウムを中心に、福岡におけるビビッドな文化活動の一端を紹介しようとするものです。

海（Umi）に開かれた地から発信されるこのシリーズが、普遍的（Universal）な文化の理解（Understanding）に役立つことを願ってやみません。

（二〇一二年七月）

◆弦書房の本

●FUKUOKA *u* ブックレット①

現代社会はどこに向かうか

生きるリアリティの崩壊と再生

見田宗介　虚構の時代の果て、希望は見えたか——戦後の「理想の時代」、高度成長期の「夢の時代」、その後の「虚構の時代」、そして……。現代社会はどこに向かうのか。著者待望の講演録。見田社会学のエッセンス、この一冊に。〈A5判・64頁〉**683円**

●FUKUOKA *u* ブックレット②

東アジアとは何か

〈文明〉と〈文化〉から考える

小倉紀蔵　東アジアが平和であった時代とは？　東アジアは正常化している？　東アジアを極限まで抽象化し、〈文明〉と〈文化〉から日中韓それぞれの根底に流れる思想を探る〈アジア論の新しい試み〉。日中韓はあらたな関係を創造できるか。〈A5判・64頁〉**683円**

いま〈アジア〉をどう語るか

有馬学／松本健一／中島岳志／劉傑／李成市　非在のアジア？　過去の歴史と現在の視点とのズレから、一種類の語り方では認識できない「アジア」という枠組みをめぐって、日中韓の研究者がそれぞれの「アジア」を表現する。〈四六判・204頁〉**1995円**

アジアの文化は越境する

映画・文学・美術

四方田犬彦［編著］　「お化け」はアジア独自の財産？　ヨーロッパの枠組みでは表現できない怪奇映画、現代文学、現代美術についてその独自性と類似性を縦横に語り合い、アジアは常に千のアジアとして多様な形態で存在することを示す。〈四六判・168頁〉**1785円**

＊表示価格は税込